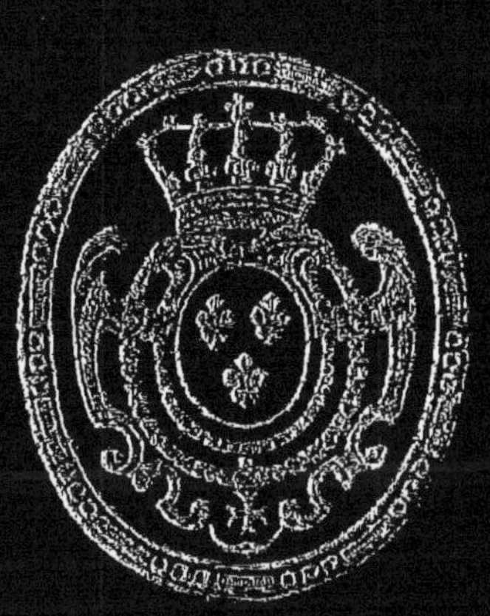

AF476274

TRAITÉ D'ARCHITECTURE PRATIQUE,

CONCERNANT la maniere de bâtir solidement, avec les observations nécessaires sur le choix des matériaux, leurs qualités & leur emploi, suivant leur prix fixé à Paris & autres endroits, d'après un Tableau de comparaison, le salaire des Ouvriers, &c. &c.

OUVRAGE nécessaire aux Architectes, Experts & Entrepreneurs, ainsi qu'aux personnes qui desireroient faire bâtir & conduire elles-mêmes leurs constructions :

Par J. F. MONROY, ancien Appareilleur, Inspecteur & Toiseur des Bâtimens du Roi.

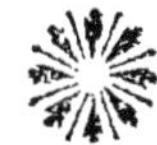

A PARIS,

Chez L'AUTEUR, rue Saint-Antoine, vis-à-vis l'hôtel de Beauvais, N°. 46.
Chez PRAULT, Libraire, Quai de Gêvres.

M. D. CC. LXXXV.

Avec Approbation & Privilege du Roi.

Il n'y aura d'Exemplaires avoués de l'Auteur, que ceux qui ſeront ſignés de ſa main, comme ci-devant.

A MONSIEUR

LE MARQUIS

DE MONTALEMBERT,

Maréchal des Camps & Armées du Roi, Lieutenant-général des Provinces de Saintonge & Angoumois, Gouverneur de Villeneuve d'Avignon, Membre de la Société Impériale de Pétersbourg, de l'Académie des Sciences.

MONSIEUR,

Je prends la liberté de vous offrir ce Traité d'Architecture pratique, persuadé que vous vou-

drez bien l'agréer ; n'ayant pas cru devoir mieux faire que d'exposer cet Ouvrage sous la décoration d'un Nom plus célebre & plus recommandable dans les Sciences & dans les Arts.

J'ai l'honneur d'être avec respect,

MONSIEUR,

Votre très-humble & très-obéissant serviteur.

J. F. Monroy.

AVERTISSEMENT.

POUR connoître le Toiſé, il faut ſavoir les principes de la Géométrie pratique, démontrée ſuffiſamment en ce Traité pour ce qui concerne le Bâtiment, & ſans ſe ſurcharger la mémoire des Mathématiques en général, qui exigent une trop longue étude : d'ailleurs, il y a des Auteurs qui en ont amplement traité, & auxquels les Artiſtes peuvent avoir recours, s'ils deſirent d'en avoir une plus ample connoiſſance.

L'Auteur de ce Traité n'y a développé que tout ce que la pratique & partie de la théorie lui ont appris. Il eſpere que le Public recevra favorablement ce Traité, qu'il a détaillé en termes analogues à l'Art, pour le rendre plus à la portée de l'Ouvrier.

Ce Traité, utile, tant aux Architectes, qu'Entrepreneurs & Propriétaires qui conduiront & desireront de faire bâtir, les mettra en état d'apprécier le prix de chaque toise d'ouvrage dans toute l'étendue du Royaume (sur la mesure de Paris), d'après la connoissance qu'ils prendront dans chaque endroit du prix de l'acquisition des matériaux, nature d'iceux, & valeur des journées d'Ouvriers, la main-d'œuvre & fourniture étant égales par-tout.

Il y est aussi joint un Tarif particulier d'abréviations pour opérer avec plus de facilité & d'accélération, ainsi que la maniere de calculer toutes natures d'ouvrages sur le même principe, & une abréviation de figures de Géométrie pratique les plus nécessaires en Bâtimens.

Si cet Ouvrage peut plaire au Public, l'Auteur se propose, à la suite, de faire un autre Traité concernant la Menuiserie, Serrurerie, Vitrerie, Marbrerie, Plomberie & Peinture d'impression, en un ou plusieurs volumes.

Et de plus encore, à cette ſuite, de faire un Traité général du Toiſé & eſtimation de de tous les Ouvrages qui compoſent le Bâtiment, d'après un plan imaginaire où toutes les parties ſuſceptibles de la bâtiſſe ſeront réunies, pour faciliter en peu de temps à la connoiſſance d'iceux, fondée ſur ces mêmes principes.

Il n'a pas jugé à propos de parler des ſervitudes & rapports d'Experts, attendu qu'il y a des loix établies à ce ſujet.

P. S. Le lecteur voudra bien obſerver que les appréciations des prix des matériaux contenus en ce volume ont été faites ſur les prix en l'année 1781 (comme eſt dit ci-après), & qu'ils ont varié depuis ce temps, ainſi qu'ils en ſont encore ſuſceptibles, tant en augmentation qu'en diminution; & que pour suppléer à cesdites variations, tant à Paris qu'en Province, l'on aura attention de faire des appréciations particulieres sur chaque nature d'ouvrage, suivant les détails de ce Traité.

Ce premier volume ne contient que la Maçonnerie, Charpente, Couverture, Brique, Carrelage, Fouille de terre, Glaise, Vuidange, Pavé de Grès, & Blocage; le toisé selon l'Art & pratique, ainsi qu'il est observé dans les bâtimens du Roi, Ponts & Chaussées, & Fortifications.

INSTRUCTION ET TRAITÉ D'ARCHITECTURE-PRATIQUE

SELON L'ART.

HONORAIRES DES ARCHITECTES,

Et Prix fixés des Inspecteurs, Entrepreneurs & autres qui composent le Bâtiment.

ARCHITECTES.

SUIVANT l'usage, il est dû à l'Architecte, pour honoraires à la construction d'un bâtiment, le sol pour livre du montant des mémoires en réglement, pour ses projets, bienveillance à la construction, pour l'exécution d'iceux & réception des ouvrages, lors de la perfection; c'est à raison de cinquante livres par mille, ci. . . . . 50 l.

Nota. Ces honoraires paroissent trop modiques pour les

Architectes de mérite & à talens, en considérant les changemens, souvent réitérés de projets, jusqu'à la réception de l'un d'iceux ; il conviendroit de leur accorder six deniers de plus par livre.

INSPECTEURS.

L'INSPECTEUR est utile pour mettre à exécution les projets, veiller à la construction totale, pour la faire exécuter suivant l'art, en l'absence de l'Architecte, stipuler les intérêts du Propriétaire, en empêchant la fraude des différens Ouvriers, & prendre les attachemens des parties cachées, pour être produites justes lors du toisé.

Il est dû à un bon Inspecteur de théorie & pratique la moitié des honoraires dus à l'Architecte, toutefois qu'il aura cette capacité & probité, afin de ne lui point occasionner les fraudes qu'ils font journellement, lorsque le mérite & les peines ne sont pas récompensés. Un Inspecteur d'un mérite tel qu'on le suppose, fera avec un Aide, suivant la conséquence de la bâtisse, plus que dix hommes ordinaires à cent livres par mois ne feront, la plus grande partie étant sans pratique.

TOISEURS.

APRÈS la perfection totale des travaux, les Entrepreneurs prennent un Toiseur pour faire les mémoires appréciés de leur ouvrage suivant les prix convenus, ou par estimation faite par l'Architecte.

L'on donne pour honoraires à un Toiseur, dix livres par mille du montant des mémoires en réglement, pour sa minute & expédition en ouvrages neufs en fourniture totale, le temps de la vérification y compris : à Paris, l'Entrepreneur le défraie de la nourriture, & à la campagne, il est voituré à la charge de l'Entrepreneur, nourri, logé, chauffé, éclairé & payé vingt sols par lieue de tranſport pour ſon temps oiſif.

Dans les menues réparations où il y a plus de détail, il eſt de la prudence de l'Entrepreneur de ſatisfaire les peines & ſoins de ſon Toiſeur, qui ne peut faire ces ouvrages à dix livres du mille; il ne ſeroit payé exactement que comme Ecrivain.

Dans les ouvrages à façon, il n'eſt pas juſte de ne donner au Toiſeur que les mêmes honoraires de ceux en fourniture, il ſeroit encore plus léſé; à cet effet, c'eſt d'apprécier le prix des ouvrages comme s'ils étoient en fourniture, pour lors ce même prix de dix livres du mille peut être ſuffiſant.

Il faut que ce Toiſeur ſoit un honnête homme, de bonne conduite, non partial, & bon Praticien, cet art exigeant de grandes réflexions pour opérer juſte: il faudroit pour s'en aſſurer, exiger que ſur tous mémoires faits par chaque Toiſeur, le nom & la demeure y fuſſent mis, afin de pouvoir juger ſon mérite par ſes opérations; car il arrive ſouvent qu'un Toiſeur ſans pratique induit en erreur l'Entrepreneur ou le Propriétaire, de l'un deſquels il fait perdre la confiance, ce qui, pour l'ordinaire, occaſionne des procès. Un Entrepreneur non lettré, quoique bon Bâtiſſeur, croit tout ce que ſon Toiſeur lui dit; le Propriétaire ſenſible au montant de ſon mémoire, le fait vérifier par l'Architecte, qui ſe trouve forcé de faire une grande diminution à laquelle l'Entrepreneur ne veut point acquieſcer, s'en rapportant au conſeil de ſon Toiſeur, quelquefois ſans connoiſſance: alors il perſiſte en ſa demande & donne à entendre que c'eſt l'Architecte qui ne lui rend pas juſtice; de là s'enſuit un procès quelquefois ruineux pour l'Entrepreneur & le Propriétaire: ſi l'Entrepreneur a tort, après bien des frais faits, il eſt condamné aux dépens; ſouvent il a reçu plus qu'il ne lui eſt dû, & la plus grande partie ayant été employée en frais, il devient inſolvable ſi ſa fortune n'eſt pas bien appuyée, & le Propriétaire à découvert, eſt encore, de ſurplus, obligé de payer ces frais.

C'eſt donc à ce Toiſeur, ſans connoiſſance ou ſans pratique, auquel on doit attribuer toutes les fautes commiſes, inſérées dans ſon mémoire fait avec des uſages captieux & ſans aucuns principes, qui font naître journellement, non-ſeulement, comme il eſt dit ci-devant, des procès ruineux pour le Propriétaire ou pour l'Entrepreneur, mais encore une multiplicité de diſgraces pour les Architectes, Experts, Juges de toutes conteſtations en bâtimens, ſur leſquels réjailliſſent communément toutes ceſdites fautes, qui leur donnent un travail auſſi difficile à réſoudre qu'incompréhenſible.

APPAREILLEURS.

Un bon Appareilleur eſt un Artiſte que l'on doit conſidérer; c'eſt de ſon talent que dépend la ſolidité du bâtiment & le bien-être de l'Entrepreneur, par ſa connoiſſance pratique des matériaux, & doit être payé, chaque mois, cent cinquante livres, ci. 150l. ″ſ. ″d.

TAILLEURS DE PIERRES.

Chaque bon Tailleur de pierres doit être payé, chaque jour, quarante-cinq ſols, ci. . . . . 2 5 ″

COMMIS.

Un Commis dans un Bâtiment eſt cenſé un bon Artiſte Praticien, dont l'objet eſt de veiller à la conduite des Ouvriers, faire tant les rôles des journées, qu'exécuter avec attention les plans donnés par l'Architecte, selon l'art, & doit être payé, chaque mois, cent livres, ci. . . 100 l. ″ s. ″ d.

POSEURS.

Un Poseur, quand il possede bien son état, est un Ouvrier encore à considérer dans un bâtiment; c'est lui qui seconde l'Appareilleur. Il a ordinairement quatre livres chaque journée, & même plus, selon la difficulté de l'ouvrage, ci. . . . 4 ″ ″

Un Contreposeur, chaque jour, est payé deux livres dix sols, ci. . . . . . 2 10 ″

Un bon Maçon, pour faire les plâtres, est payé, chaque jour, deux livres cinq sols, ci. . . . . 2 5 ″

Un Limosin limosinant, est payé, chaque jour, une livre quinze sols, ci. . . . 1 15 ″

Un Manœuvre est payé, chaque jour, une livre cinq sols, ci. . . . . 1 5 ″

Ces différens prix de Journaliers se paient ainsi à Paris, & varient dans la Province suivant la cherté des vivres; mais les bons Artistes sont & doivent être payés également par-tout, afin d'exciter leur émulation & éviter les supercheries.

Avis sur ces Prix fixés.

Comme tous les Artistes & Ouvriers ne sont point égaux en talens, & qu'il en est de beaucoup supérieurs les uns aux autres, il faut, proportionnellement à leur mérite, avant que de les mettre en œuvre, convenir de leurs honoraires & prix, afin qu'ils n'aient pas sujet de contraindre leur paiement au-dessus de leur capacité.

MAÇONNERIE.

CHOIX DES MATÉRIAUX.

Le sable de terrein est le meilleur, s'il est net & dépourvu de terrestriété ; & pour s'en assurer, il faut le frotter dans un linge sans qu'il le tache, & qu'il soit rude aux doigts.

Le sable de riviere est bon quand il est fin ; mais il ne faut l'employer que lorsqu'il est sec, afin que la chaux s'y incorpore.

Les eaux.

Il faut observer que toute eau quelconque n'est point bonne pour éteindre la chaux ; celle de mer ne vaut rien, elle seche en œuvre trop facilement, & ne se lie qu'avec peine avec les matériaux : l'eau de mare qui croupit ne vaut rien, étant épaisse d'immondices ; il faut se servir d'eau de riviere, de puits, de fontaine, ou de pluie.

Ces eaux de mer & de mare ne valent rien non plus pour l'emploi du plâtre, elles lui donnent une lenteur à se durcir, & font gercer les enduits.

Il ne faut jamais employer de poussiere dans le plâtre, elle lui ôte tous ses sels & le fait aussi gercer.

Ciment.

Il faut que le ciment ſoit de tuile concaſſée, compoſé de glaiſe deſſéchée, & non de ciment fabriqué, comme font la plupart, qui y mêlent de la pouſſiere qu'ils rougiſſent avec de la brique, pour mieux tromper ; d'abord, c'eſt que la brique ne vaut rien, il faut de la tuile & carreaux compoſés de glaiſe pour que la chaux s'y incorpore, ce qu'elle ne fait pas avec la brique & la pouſſiere, qui n'eſt que terre.

Chaux.

La meilleure chaux, tant à Paris qu'ailleurs, eſt celle faite avec la pierre la plus dure & bien cuite. Celle préférée à Paris eſt de Senlis, la Chauſſée & Châville ; elle ne double pas à l'extinction comme celle de Melun, mais elle eſt beaucoup meilleure.

Pour bien éteindre la chaux, il ne faut mettre de l'eau qu'à meſure qu'elle s'échauffe, pour ne la point noyer, mais en mettre ſuffiſamment pour qu'elle ne brûle point, & la raboter pour la broyer.

A l'extinction, il eſt aiſé de s'appercevoir ſi elle n'eſt pas bien cuite, par les pierres non cuites que l'on y trouve, qui ſe nomment biſcuits, en termes d'ouvriers, leſquelles l'on met de côté pour en faire déduction au Marchand ſur ſa livraiſon.

Meilleure façon d'éteindre la chaux, ſuivant M. Philibert de Lorme, Architecte, & approuvée après l'expérience faite.

Lorſqu'il eſt néceſſaire d'une grande quantité de chaux pour toutes bâtiſſes, il faut s'aſſurer de la bonne cuiſſon, la dépoſer à pierre ſeche dans un trou fait dans terre, d'une grandeur suffisante, couvrir cette chaux d'environ deux pieds d'épaisseur de sable, sur lequel jeter de l'eau abondamment, remplissant le vuide de la cavité qui aura été observé entre le sable & le sol de la berge, l'eau filtrera à travers ce sable pour s'imbiber dans la chaux au-dessous sans se brûler, réitérant l'eau tant qu'elle s'imbibera; les pierres s'amortissent, la chaux venant à gonfler fait fendre le sable pour s'exhaler; il faut remplir cette fente de sable. La chaux éteinte ainsi s'amortit de même que si elle étoit broyée; cette façon de l'éteindre lui donne une qualité supérieure, conservant tous ses sels, qui ne peuvent s'évaporer.

Tous enduits faits de cette chaux, suivant cette derniere extinction, ne gercent point. C'est de cette façon que l'éteignent les Peintres pour faire les enduits pour peindre à fresque.

La chaux éteinte ainsi se conserve liquide longtemps, facilite à faire le mortier de sable ou ciment sans eau, & la construction est infiniment meilleure.

Plâtre.

Le plâtre à Paris seroit encore bien supérieur à ce qu'il est, s'il n'y avoit de la supercherie par les Plâtriers, d'une part, lesquels souvent péchent par le manque de cuisson qui lui empêche de se consolider vivement, & ce que l'Ouvrier nomme du plâtre lent, joint aussi à ce qu'ils mettent de la terre sur le four, qu'ils mêlent avec ledit plâtre lors de la cuisson, ce qui lui ôte de sa qualité; & d'autre part, l'Ouvrier y mêle de la poussiere pour l'employer à l'hourdis des murs, aires de planchers, & cloisons hourdées. C'est à toutes ces supercheries qu'il faudroit veiller, pour laisser au plâtre toute la qualité dont il est susceptible.

Mortier de chaux & ſable.

Pour faire de bon mortier de chaux & ſable, il faut le compoſer de trois meſures de ſable & une de chaux éteinte, ainſi que pour le ciment, ſi l'on veut faire de bonnes conſtructions.

Mortier de terre.

Aux différens murs hourdés en terre, il faut faire choix de terre que l'on nomme argille ou terre neuve à four, laquelle eſt graſſe. C'eſt celle qui ſe conſolide le mieux avec le moilon, & cette conſtruction qui en réſulte n'eſt bonne que lorſqu'elle eſt faite l'été, où elle fait corps ; car dans l'hiver, elle ne ſeche point; les pluies continuelles la délaient, & font écrouler la conſtruction. Lorſque ces murs ſont ravalés en plâtre, il faut bien dégrader les joints du moilon pour griper le plâtre, ſans quoi le ravalement n'exiſteroit pas long-temps, le plâtre ne faiſant point corps avec la terre.

Pierre dure.

Toutes pierres dures, pour être bonnes, doivent être ſans fil, moye, ni bouzin ; c'eſt à quoi tout Architecte ou prépoſés de ſa part doivent veiller.

Le fil, 1°. eſt un défaut qui ſe trouve dans la pierre, occaſionné par l'affaiſſement du terrein dans la carriere, qui a pris de la charge par endroits. 2°. Il eſt encore ſouvent occaſionné par une autre charge ou effort, lorſque les Carriers ſont tomber un bloc de pierre dans la carriere, après avoir ſouchevé la maſſe. 3°. Autre effort par les Voituriers lorſqu'ils déchargent la pierre aux atteliers.

Un Entrepreneur qui a payé au Carrier cette pierre

avec ce défaut, cherche les moyens de ne rien perdre, & fait tailler cette pierre avec tout le ménagement possible pour la mettre en place en son entier; alors quelle disgrace n'en survient-il pas? Il arrive que lorsque cette pierre a pris charge sous le fardeau de l'élévation du bâtiment, elle occasionne un affaissement à l'édifice; il est donc essentiel d'y prendre garde.

L'Entrepreneur raisonnable ne devroit point mettre de pierres semblables en œuvre; ces défauts ne sont point généraux: si cela arrive à quelques-unes, alors il doit en faire un autre emploi, ne devant pas oublier qu'il lui est accordé pour déchet de pierre un sixieme dans le prix de ses ouvrages, & que s'il n'y avoit aucun événement, où pourroit-il prouver du déchet?

La moye est une terrasse qui se trouve en délit dans la hauteur de la pierre non consolidée, laquelle se dissout à l'air & à l'humidité.

Le bouzin est de même du tendre qui est conservé par ménage par l'Entrepreneur, pour augmenter la hauteur de la pierre; ce bouzin n'est qu'une terre non consolidée qui, de même, peu-à-peu se dissout ou se mutile à l'intempérie de l'air, défaut essentiel de construction par la mauvaise qualité de ces matériaux.

Pour faire une bonne construction en pierre, il faut faire attention que toute liaison ne doit être que de la moitié de la hauteur de la pierre, afin d'éviter le porte à faux, & que les harpes ne cassent par un tassement.

EXEMPLE.

Une assise de douze pouces de haut ne doit avoir que six pouces de liaison, ainsi des autres à proportion: la pratique nous démontre qu'il se fait des tassemens presque dans tout édifice, quand les liaisons dérogent du principe ci-deſſus par excès ; lors du taſſement non général, les harpes caſſent, vu le grand porte à faux, n'ayant pas aſſez de force pour y réſiſter.

De même, lorſque l'on conſtruit une jambe étriere, ne donner que la harpe ſuffiſante pour ſe lier avec le moilon, en conſidérant que le moilon fait un taſſement plus conſidérable que la pierre, par la multiplicité des joints, & fait caſſer la harpe de pierre qui ſe trouve en porte à faux quand elle n'eſt point proportionnée comme deſſus, à la hauteur de la pierre, faute qui ſe commet journellement & qu'il faut éviter.

Ne jamais engager un appui de croiſée en pierre ſous les trumeaux, vu le taſſement continuel d'iceux par les deux bouts, lequel caſſe dans le milieu de la croiſée, ce qui eſt aſſez ordinaire.

Pierres Vergelé & Saint-Leu.

Les pierres de Vergelé & de Saint-Leu ſont égales en tout leur contenu ; il peut, de même que la pierre dure, ſe trouver des fils, par les efforts qu'elles reçoivent lorſque les Charretiers les déchargent à l'attelier.

Les liaiſons doivent être ſur le même principe que deſſus.

Il ne faut jamais permettre aux Ouvriers & Entrepreneurs de démaigrir les lits de pierre, ainſi qu'ils le font, à ſix pouces de l'arrête des paremens ; il en ſurvient que ce démaigriſſement fait cavité dans l'épaiſſeur des murs, malgré que les pierres ſoient coulées ou fichées avec mortier ou plâtre ; le fardeau de l'élévation les fait caſſer, vu que le plâtre coulé eſt noyé & ne peut ſe conſolider pour réſiſter à l'affaiſſement. L'Ouvrier dit que ce démaigriſſement eſt fait pour que le mortier ou plâtre faſſe corps avec la pierre, ne pouvant le faire avec une partie liſſe. Cela eſt vrai, mais non pas un démaigriſſement de cette eſpece ; il ne faut faire que des abreuvoirs pour conſerver toujours un plain pour appui dans toute l'épaiſſeur du mur, ſuivant la figure *A.* : il y aura plus de ſolidité.

D'ailleurs, lorſque ces lits ſont totalement démaigris, le poids de l'élévation n'a d'appui que ſur l'arrête des paremens, & excite par la charge à de grandes épaufrures, en termes d'Ouvriers, ou écornures.

Il eſt eſſentiel d'avoir un Inſpecteur Praticien en partie pour la pierre Saint-Leu, afin de prendre garde qu'il n'en ſoit employé de lits en paremens ; les lits n'étant pas plus durs que les paremens, on s'y trompe, & cette faute, ou mauvaiſe manœuvre, cauſe de la diſgrace après la conſtruction, les pierres ſe délitant par la charge & intempérie de l'air.

Obſervations concernant la bonne conſtruction en pierre.

Lorſque l'on emploie de la pierre dure ou autre, l'Entrepreneur doit avoir ſoin de la faire poſer toujours ſur ſon lit pour plus de ſolidité, afin qu'elle ſoit dans le cas de réſiſter ſous le poids de l'édifice, ſe trouvant en même poſition que la nature l'a formée, & non ſujette à s'épaufrer, comme il arrive lorſque les lits ſont en parement ; l'air & l'humidité la diſſout & la délite, n'étant point ſur ſon lit.

De même, de ne la point mettre de lit en joint, fondé ſur les taſſemens qui ſe font journellement dans les édifices. Comme il arrive qu'une partie de l'édifice peut taſſer, l'autre partie lui réſiſte : ſi la partie réſiſtante eſt de lit en joint, celle fléchiſſante ſur icelle fait déliter la partie réſiſtante par ſon affaiſſement.

Le lit de la pierre ſe connoît par les veines & les coquillages toutes de niveau qui s'y trouvent, & non perpendiculairement.

Le marbre se connoît de même, mais pas si distinctement, vu la variété des différens cailloux & congelations.

L'on peut cependant poser la pierre de lit en joint, dans la hauteur de l'entablement d'un édifice, en la saillie de l'assise supérieure seulement; elle résistera plus long-temps à l'intempérie de l'air, étant moins sujette à se déliter en sa saillie, qui se trouve en parement sous la mouchette pendante.

Cette observation n'est & ne doit pas être générale pour la bonne construction.

Pour empêcher l'écoulement des eaux pluviales en cette saillie, il faut observer la maniere de profiler la moulure supérieure, afin que l'eau ne s'écoule point dans la saillie de la mouchette pendante, ainsi qu'il est démontré ci-après, mais seulement pour faire connoître que la construction sera reconnue bonne, s'il s'en trouvoit quelqu'assises de lit en joint, tant en pierre dure qu'en pierre tendre en cette position.

On a vu des Appareilleurs commettre de grandes fautes à la construction des arrestiers de voûtes, d'arrètes & arcs de cloître, n'ayant point observé que lorsqu'ils terminent la fermeture d'une de ces voûtes, la clef & arrestiers en douelles sont en délit. L'Appareilleur trace sans observation la retombée sur le lit de dessous, & coupe sur le lit de dessus : comme il y a peu de retombée à cette terminaison de voûte de un, deux & deux pouces & demi, la douelle se trouve en délit, ainsi que cela s'est pratiqué à Paris, à la gallerie à gauche de la face, sur le parterre, aux Tuileries, dont beaucoup sont mutilés par le délit provenant du manque d'attention.

C'est en cette position que les paremens sont & doivent pour lors être regardés pour lits, les douelles & coupes se trouvent en paremens, & la solidité selon l'art.

Il est donc essentiel de faire choix d'un bon Appareilleur, c'est de lui que dépend la bonne construction ; mais aussi, pour exciter & son émulation & ses plus sérieuses attentions, il faut lui donner des appointemens proportionnés à son mérite, & non pas le molester comme font la plupart des Entrepreneurs, qui n'ont d'autre connoissance dans la bâtisse que la maîtrise qu'ils ont achetée.

Autre Observation concernant les saillies d'Architecture, pour éviter que les eaux pluviales ne noircissent les moulures au-dessous du premier membre supérieur.

Pour un entablement, il faut que le profil soit suivant la figure 50, avec jet-eau sous la saillie du carré ou congé triangulaire qui écarte l'eau pluviale, laquelle ne peut remonter ni s'écouler plus loin, son poid la faisant tomber à son à-plomb en cet endroit.

Et de même pour toutes plinthes, suivant les différentes figures 51.

Moilons.

Le moilon doit être sans bouzins, bien gisans ; chaque rang doit être de niveau, avec liaison de hauteur & épaisseur.

Il ne faudroit jamais permettre à un Entrepreneur de tailler son moilon sur son attelier, lorsqu'il en est nécessaire, attendu que quand il a fait choix du plus beau dans son approvisionnement pour le tailler, ce qui reste n'est nullement bon en construction, n'étant que des boules & rebuts qui ne sont plus propres qu'à employer à faire des massifs & non des murs ; c'est ce qui fait qu'où il s'entaille, on voit des tassemens considérables ; conséquemment défaut essentiel. L'Entrepreneur doit l'acheter tout taillé du Carrier, ou le faire tailler ſur la carriere.

Moilon provenant des carrieres à plâtre.

Ce moilon eſt de peu de valeur en conſtruction; il ne vaut rien à rez-de-chauſſée; l'humidité le faiſant mutiler à l'intempérie de l'air, il s'écraſe facilement ſous le fardeau; il réſiſte mieux en élévation toutes les fois qu'il eſt ravalé en plâtre pour le mettre à couvert de ladite intempérie: cependant, aux endroits où il n'y en a point d'autres, on eſt contraint de s'en ſervir.

Platras.

Les platras des démolitions qui s'emploient aux bâtimens ne doivent être qu'en élévation, ne pouvant être à l'humidité, vu qu'ils ſalpêtreroient. Ils doivent être poſés en liaiſon de hauteur & épaiſſeur.

Brique.

Il y a à Paris de trois ſortes de brique de huit pouces de long, ſur quatre pouces de large, dont de deux ſortes, qui viennent de la Bourgogne; elle eſt très-dure & émaillée en partie par la nature du terrein; elle eſt bonne dans la partie inférieure du rez-de-chauſſée pour réſiſter à l'humidité, dont une ſorte a deux pouces d'épaiſſeur, l'autre un pouce. La troiſieme ſorte eſt des environs de Paris, bonne à l'intérieur & en ſur-élévation. Cette derniere eſt meilleure pour recevoir les ravalemens en plâtre, n'étant point émaillée & plus ſpongieuſe; elles doivent être toutes poſées en liaiſons.

PRIX des Matériaux à Paris en l'année 1781.

SAVOIR;

Pierre dure.

Le pied cube de pierre dure brute des meſures ordinaires vant vingt ſols, ci...	1 l. // ſ. // d.
Celle d'échantillon en grands morceaux a coûtée trente & quarante ſols le pied cube, ſuſceptible de ſe marchander. Ces morceaux s'emploient pour balcons ou marches de longueur, quand on ne veut point de joint.	

Pierre Vergelé.

La pierre de Vergelé ſe vend au tonneau.			
Chaque tonneau contient quatorze pieds cubes, & vaut ſur le port à Paris, au bas du Cours-la-Reine.	8	//	//
Le charrois de chaque tonneau eſt payé au Voiturier.	1	12	6
Le toiſé & gravé ſur le port.	//	1	6
Valeur pour chaque tonneau rendu à l'attelier.	9	14	//

La pierre de Vergelé provient des carrieres de Saint-Leu-Taverny, en Picardie; elle arrive à Paris par bateaux: c'eſt le banc du ciel de ces carrieres que l'on fait tomber, & qui ſe détache ſouvent par accident. Sa qualité eſt maigre

maigre & coquillée ; elle ſert ordinairement à faire le revêtement des quais le long des rivieres, les voûtes des ponts & caves, & autres lieux ſouterrains.

Pour ſon emploi dans l'eau, il y a du choix à faire, attendu qu'il s'en trouve de très-pleine & graſſe, ſuſceptible de ce déliter à l'intempérie de l'air & des gelées. La plus coquillée eſt maigre & eſt la meilleure ; elle ſe débite à la ſcie à dent ; cependant il s'en trouve quelquefois où il faut une ſcie à grès, comme à la pierre dure, ce qui n'eſt pas ordinaire, & toutes les fois qu'elle eſt ainſi, l'Entrepreneur a grand ſoin de l'employer comme pierre dure ; d'ailleurs elle eſt auſſi bonne.

Pierre de Saint-Leu.

Cette pierre eſt tendre, mais bonne en élévation par ſa légéreté, & ſe durcit à l'air : elle ne doit être employée en conſtruction que depuis le ſol du premier étage, afin que l'humidité ne la mutile pas, étant ſpongieuſe. Il faut avoir attention, lors de la conſtruction, de la mouiller avant que de la couler ou ficher, afin que le plâtre ou mortier ne ſe deſſeche & puiſſe faire corps avec elle, ſans quoi ce coulis ſe réduiroit en pouſſiere par la ſécheresſe d'icelle.

Moilon dur des environs de Paris.

Chaque toiſe cube de moilon brut coûte, rendue aux atteliers de Paris, la ſomme de quarante-huit livres, ci. . . 48 l. // //.

Les quatre voies doivent faire la toiſe cube quand elles ſont bien chargées, la plupart des Entrepreneurs le reçoivent ainſi.

Beaucoup ne s'en rapportent pas à la

voie ; ils le font entoiſer à toiſe cube qui leur coûte 3 livres chaque toiſe. Selon eux, ils eſtiment valoir la toiſe cube 51 livres, compris l'entoiſage. Ces 3 liv. ne doivent pas être admiſes, vu l'avantage qu'ils en retirent, en ce qu'ils font eſmiller groſſiérement les paremens, ainſi qu'ils les bouzinent ; beſogne qu'ils auroient eu à faire lors de la conſtruction, pour mémoire, ci. . . . . *mémoire.*

En moilon, il n'eſt dû aucun déchet, le Carrier accordant à ce ſujet, lors de l'entoiſage, trois pouces de plus ſur la longueur & la largeur, & ſix pouces ſur la hauteur. Cette bonne meſure eſt pour le bouzinage & équentage, pour le parpaing des murs, pour mémoire, ci. . . *mémoire.*

Moilon piqué.

Le Carrier vend le moilon piqué au cent, au compte, la ſomme de. . . . . . 16 l. // ſ. // d.

Neuf cents moilons piqués en moyenne proportionnelle font une toiſe cube.

Les neuf cents, au prix de 16 livres le cent, valent la ſomme de 144 livres payées au Carrier, à déduire ou souſtraire la valeur du cube de moilon brut, de 48 livres, reſte pour la valeur de la taille de ces neuf cents moilons 96 liv. c'eſt par conſéquent 10 livres 13 ſols 4 deniers chaque cent accordés au Carrier, pour la plus valeur de la taille ſeulement, ci. 10 13 4

Chaque cent de moilon piqué ne fait

qu'une toiſe ſuperficielle de paremens, compris déchet pour la fixation des hauteurs, pour mémoire, ci. . . . . *mémoire.*

Les Carriers paient aux Piqueurs de moilon 3 livres du cent pour façon, les neuf cents valent 27 livres de taille ; ils bénéficient donc ſur ces neuf cents de moilon de la ſomme de 69 livres, que l'on croiroit être un monopole, mais la démonſtration ci-après va prouver le contraire.

Pour avoir de beau moilon ſur la carriere, il faut pour le tailler, le triller ; alors le ſurplus devient de peu de valeur, il n'eſt bon que pour faire des maſſifs; le Carrier le regarde comme du garni, qu'il vend à vil prix & en pure perte pour lui ; c'eſt ce qui l'oblige de ſe dédommager ſur le moilon piqué, en le vendant plus cher.

Les Architectes, juſqu'à préſent, n'ont eſtimé la plus valeur de la taille du moilon que 6 livres; c'eſt une léſion, attendu que ce moilon piqué qu'ils eſtiment ne valoir que ce prix de 6 livres la toiſe ſuperficielle, n'eſt autre choſe que du moilon eſmiller groſſiérement enduit en partie de plâtre, avec des faux joints tracés de pierre noire, leſquels ſe dégradent par l'humidité & intempérie de l'air, en très-peu de tems, ce qui n'arrive pas au moilon piqué bien fait, tel qu'il eſt apprécié ci-deſſus.

Moilon eſmiller ou *ſmiller.*

Le moilon eſmiller doit être eſtimé à la ſomme de 5 livres 6 ſols 8 deniers, moitié de celui piqué ci-deſſus, ci. . . 5 l. 6 ſ. 8 d.

Meuliere.

La toiſe cube de Meuliere, rendue aux atteliers de Paris, vaut 48 livres, ci. . . 48 " "

Moilon provenant des carrieres à plâtre.

La toiſe cube coûte 36 livres rendue aux atteliers des villages circonvoiſins, ci. . . . . 36 l. // ſ. // d.

Plâtras provenans des démolitions.

Chaque toiſe cube de plâtras coûte à l'Entrepreneur, rendue à ſon attelier, la ſomme de 24 livres : ſavoir; huit tombereaux, à la toiſe, à 1 livre le tombereau, d'acquiſition au profit du conducteur du bâtiment, valent 8 livres & 16 livres; pour le tranſport d'iceux, à 2 livres chaque tombereau, valent enſemble comme deſſus. . . . . 24 // //

Brique.

Le millier de brique de Bourgogne, de la plus forte, vaut, rendu à l'attelier, 54 livres : ſavoir ; 50 livres d'acquiſition, & 4 livres de voiture pour le tranſport du port à l'attelier, ci. . . . . 54 // //

Le millier de brique provenant des environs de Paris vaut, rendu *idem*, à l'attelier, la ſomme de. . . . . 36 // //

Carreaux de terre cuite à ſix pans.

Le millier de grands carreaux provenans de Maſſy coûte, rendu aux atteliers de Paris, la ſomme de. . . . . . . 30 // //

Le millier de petits carreaux vaut 9 livres 10 ſols, ci. . . . . 9 10 //

Chaque cent de carreaux d'âtre quarrés, de chacun huit pouces ſur huit, vaut. 7 l. 10 ſ. // d.

Chaque cent de carreaux à bandes, de chacun ſix pouces ſur ſix, vaut. . . 3 12 //

Tous carreaux doivent être poſés ſur plâtre pur, la pouſſiere ne faiſant point corps avec le plâtre.

Les boiſſeaux ou pots de terre pour les chauſſes d'aiſances, bien verniſſés, de neuf pouces de diametre ſur neuf de haut, ſont payés, chaque pots 7 ſ. ci. . // 7 //

Les pots à deux, pour les ſieges d'aiſances, valent chacun. . . . . // 14 //

Chaque pot à ventouſe, de neuf & dix pouces de long, de quatre de diamettre, vaut. . . . . // 3 6

Chaque tuyau de grès pour les conduites, de deux pieds de long & trois pouces de diamettre, vaut. . . . . // 10 //

Sable.

La toiſe cube de ſable de terrein, de la meilleure qualité, vaut, rendue aux atteliers, la ſomme de. . . . . 24 // //

Ciment.

Le muid de ciment de bonne qualité vaut 20 livres; il eſt compoſé de douze ſeptiers ou quarante-huit minots, le ſeptier de douze boiſſeaux, ci. . . . . 20 // //

C'eſt chaque boiſſeau 2 ſols 9 deniers ci. . . . . // 2 9

Chaux vive.

Le muid de chaux vive de la bonne qualité, rendu aux atteliers de Paris, eſt compoſé de quarante-huit minots ou quarante-huit pieds cubes, & vaut la ſomme de. . . . . 55 l. 4 ſ. " d.

Pour l'extinction de chaque muid, la ſomme de. . . . . 4 16 "

La fouille du trou renfermant la chaux éteinte payée à part, ſuivant ſa nature de fouille, ainſi que la conſtruction du baſſin pour l'extinction.

Plâtre.

Le muid de plâtre coûte à l'Entrepreneur, rendu à l'attelier. 10 15 6

SAVOIR:

Le muid d'acquiſition du Plâtrier vaut. . . . . . 10 l. " ſ. "

La voiture ordinaire eſt de deux muids, qui valent 20 livres, ci. . . . . . . 20 " "

Une journée de Manœuvre à la carriere, de. . . 1 5 "

Gratification au Charretier. . . . . " 6 "

Dépenſe pour les deux muids. . . . . 21 11 "

Chaque muid, comme deſſus dit, vaut. 10 15

Et contient 36 ſacs, c'eſt à raiſon de 6 ſ. le ſac.

Mortier d'argille ou terre franche.

Pour mettre à prix ce mortier, il faut apprécier la fouille en cube à 2 livres 5 sols la toise, ensuite la charge & transport, suivant l'éloignement.

REGLES GÉNÉRALES

Pour la bonne construction d'un Bâtiment en Maçonnerie.

IL faut faire la fouille des rigoles de fondations toujours de niveau jusques sur un fond solide ; & si toutes fois il se trouvoit une portion de terre mouvante d'une profondeur extraordinaire, il ne faut point y asseoir la maçonnerie que sur de bonnes plattes-formes & racineaux, avec décharge de maçonnerie ceintrée au-dessus, sans cela point de solidité.

Il faut observer que tous murs en fondations soient construits en bon mortier de chaux & sable, soit en pierre ou en moilon, ainsi qu'il en sera ordonné par l'Architecte, avec trois pouces d'empattement de chaque côté, plus épais que les murs en élévation, tant de face que de refent, ne parlant point des contre-murs & retombées des voûtes ; la loi le démontre clairement à ce sujet.

Pour la construction des murs de face en élévation, il faut les lever avec fruit ordinaire de six lignes par toise s'ils sont en moilon, & d'une ligne par toise s'ils sont en pierre, les jauger paralelles, conséquemment en surplomb à l'intérieur, afin de prévenir la poussée au vuide d'iceux, par les planchers & combles; la pratique nous l'enseigne. Tous murs ainsi construits reviennent à leur à-plomb lors de la perfection du bâtiment, quand ils ont pris leur écart & affaissement.

Et pour que l'affaissement d'un bâtiment se fasse également en son contenu, il faut que la bâtisse totale soit toujours menée de niveau dans le pourtour du bâtiment ; la pratique nous le démontre. Lorsqu'un bâtiment est fait en deux temps, il est prouvé que la derniere partie faite entraîne la premiere par un second affaissement, n'ayant pu se faire ensemble lors de la premiere construction.

Il faut construire tous les murs à chaux & sable, en la hauteur du rez-de-chaussée seulement, se consolidant dans l'humidité: il n'est pas bon en élévation que pour des murs de grande épaisseur, qui lui conserve de l'humidité; mais aux murs de foible épaisseur, il ne fait pas corps, au contraire, il se desseche & devient en poussiere: l'hourdis des murs en élévation est meilleur en plâtre.

Les scellemens des poutres & solives ne doivent être faits en plâtre, ni à chaux & sable, observant qu'ils échauffent presque toutes les portées dans ces murs, leur conservant une humidité: il est de la prudence de l'Architecte de faire garnir tout le pourtour des bois à un pouce d'isolement, en brique maçonnée avec de la terre franche ; l'on évitera ces inconvéniens, & le bois se conservera long-temps.

Construction d'un Puits en pierre ou moilon.

Le mur doit être éparpaigné de son épaisseur égale, depuis le haut jusqu'en bas, observant qu'il y a un tassement continuel occasionné par le ravin de l'eau qui mine le sable sous le rouet, & souvent oblige de draguer sous œuvre pour faire descendre la maçonnerie, afin d'avoir plus de hauteur d'eau. Si ces murs ne ſont d'égale épaiſſeur, ils ne peuvent deſcendre au deſir, ſe trouvant retenus par les terres.

Cheminées.

Les tuyaux de cheminées en languettes de plâtre ſeront pigeonnés à la main de trois pouces d'épaiſſeur, compris enduit ; il ne doit point y avoir de fantons dans les languettes de face, ne ſervant qu'à trancher les plâtres & exciter à des crevaſſes continuelles, par où ſe communique la fumée dans les appartemens au derriere des lambris, & peut cauſer l'incendie ; il ne faut que des bouts de fantons dans les coſtieres ſeulement pour les lier avec les murs. Ne point mettre de barres de languettes aux manteaux de cheminées, n'étant d'aucune utilité ; les languettes & tablettes ceintrées ſe ſoutiennent par elles-mêmes. Jamais fer liſſe n'a fait corps avec le plâtre, le manteau eſt ſuffiſant : ces barres de languettes produiſent le même inconvénient que le fanton.

Défauts eſſentiels à la conſtruction des cheminées d'appartemens, & ce qui les obligent preſque toutes à fumer.

C'eſt que l'on donne ordinairement dix pouces de paſſage aux tuyaux de cheminés, à la hauteur des tablettes ou gorges, & à l'arrivée des planchers ſupérieurs. Il faut les conſtruire ainſi qu'il eſt démontré par la figure B, en profil. Le paſſage au niveau du plancher haut ſera de dix pouces, & de quatorze pouces au niveau de la tablette du manteau ; cet évaſement faiſant entonnoir, empêche l'approche de la fumée à cette tablette, ne trouvant plus rien qui l'arrête en cette hauteur où elle eſt plus abondante, paſſe librement dans la partie ſupérieure, & produit de l'air qui l'enleve beaucoup plus que ne fait l'ordinaire uſage ; il eſt vrai que le corps du manteau aura quatre pouces de plus de ſaillie que les anciennes cheminées, & que la languette de face aura ſept pouces d'épaiſſeur par le haut, & trois pouces par le bas, pour monter le corps à-plomb, comme il doit être pour recevoir le parquet de cheminée.

Souvent à ces manteaux de cheminées, il y a des coffres occaſionnés par les dévoiemens ; les Maçons rarement enduiſent les languettes à l'intérieur de ces coffres, n'étant point vues, c'eſt un défaut de conſtruction ; elles doivent être enduites pour lier le pigeonnage, & faute de le faire, ces languettes ſe fendent, étant pouſſées par l'enduit extérieur, n'ayant rien au côté oppoſé qui lui réſiſte, ce qui occaſionne l'incendie, par la fumée & le feu qui s'introduiſent dans le coffre, & brûlent les bois qui y ſont renfermés.

Lors de la conſtruction des ſouches de cheminées, ſuivant la figure C, le Maçon, à la fermeture, fait un adouciſſement ſur le mur d'adoſſement & languettes de faces oppoſés, & jamais ſur les côtieres en retour, défaut de conſtruction qui ſouvent occaſionne la fumée à rentrer dans la chambre, par la colonne d'air ſupérieure qui a plus de facilité à deſcendre dans les angles. Cette opération a été faite & a réuſſi dans bien des endroits, c'eſt pourquoi il eſt urgent de le faire : d'ailleurs, l'Entrepreneur, lors de ſon toiſé, demande ſa ſouche, compris fermeture en languettes comme en côtieres.

Lorſqu'il ſera fait des tuyaux de cheminées dans l'épaiſſeur des murs, il ne faut jamais que les murs jettent harpes dans les languettes, ſoit en pierre ou moilon, obſervant que ces harpes de foible épaiſſeur caſſent toutes par le renflement de la languette de plâtre. C'eſt une mauvaiſe conſtruction que de faire paſſer des tuyaux dans l'épaiſſeur des murs; ils ſont tranchés & de peu de ſolidité : ſouvent on les dévoie pour pouvoir en placer d'autres aux étages ſupérieurs, & les ſolives d'enchevétrures ſe trouvent poſées en porte-à-faux; il vaut mieux les endoſſer. Toute cheminée qui pilaſtre n'eſt jamais diſgracieuſe.

Il ſeroit à ſouhaiter que toutes les cheminées fuſſent conſtruites en languettes de brique, pour plus de ſolidité, & même pour éviter l'incendie que peuvent cauſer les crevaſſes qui ſe font dans les languettes de plâtre. Il eſt vrai qu'en brique elles ſont plus cheres qu'en plâtre; mais auſſi ſont-elles moins ſujettes à l'entretien, & beaucoup plus de ſûreté contre l'incendie, & plus ſolides.

Planchers.

Tous les aires des planchers ſeront en plâtre pur, ſur bardeau ou lattis cloué, jointif, avec iſollement au pourtour des murs de deux pouces, pour éviter la pouſſée d'iceux ou écart, lequel vuide ſera rempli de pouſſiere. Non-ſeulement l'écart des murs, mais encore le renflement de l'air, par l'effet du plâtre, lorſqu'il eſt terminé par quelque choſe qui lui réſiſte, juſqu'à ce qu'il ait fait ſon effet.

Toutes les fois que les planchers ſeront plafonnés deſſous, il ſera fait déduction ſur la ſuperficie de l'aire, la ſurface de la trémie de l'âtre de la cheminée étant demandée au plafond, ne valant que le prix du plafond ſeulement.

Saillies d'Architecture à l'extérieur des murs de face.

Les ſaillies en plâtre, à l'extérieur des murs de face adaptées ſur ces murs, ſans obſerver encorbellement de moilon lors de la conſtruction, ſont de nulle valeur ; l'on ſe contente ſeulement de mettre quelques rapointiſſages ou chevillettes, & ſouvent aucunes ; qu'elle diſgrace n'en ſurvient-il pas ? Ce relief de plâtre plaqué ſe détache des murs, les eaux pluviales paſſent ou filtrent entre iceux, & pourriſſent les linteaux des croiſées qui ſont au derriere ; ces différentes ſaillies ſe détachent, tombent & tuent ou bleſſent le public ; ainſi, pour la ſolidité & ſûreté, c'eſt totalement à ſupprimer. Toutes ſaillies d'Architecture en général à l'extérieur doivent être faites en pierre, faiſant parpaing total des murs, quoique la face ſoit en moilon & même en pans de bois, c'eſt la meilleure conſtruction, ſans avoir égard aux diſcours frivoles de la Police en bâtimens, qui défend de mettre de la pierre ſur du moilon. Ce n'eſt pas dans cette conſtruction où l'on a ſujet de contredire, c'eſt plutôt ſur celle d'une jambe ſous poutres, étrieres ou encoignures. Si le rez-de-chauſſée étoit en moilon, & le ſurplus en pierre, il n'y auroit aucune ſolidité, & ſeroit ſujet à s'écrouler ; mais une aſſiſe parpaignée ſur moilon dans la longueur d'un mur de face, portant ſaillie d'architecture, repréſente une platte-forme qui lie le moilon ſupérieur & inférieur, & fait alors une bonne conſtruction.

En pans de bois, l'aſſiſe de pierre propoſée pour ſaillies d'Architecture ſera faite ſuivant la figure D, avec élégiſſement ſur le deſſus, pour que le repos des eaux pluviales ne ſoit point ſuſceptible de leur filtration dans l'intérieur du pan de bois ; laquelle aſſiſe ſera poſée entre deux ſablieres, ſans quoi la conſtruction eſt de nulle valeur.

Foſſes d'aiſance.

Il eſt d'uſage de conſtruire les murs des foſſes en moilon hourdé en plâtre au panier, à bain nageant dedans, afin que les joints ſoient mieux remplis, ce que le gros plâtre non coulé ne fait point, pour éviter les cavités qui produiſent la filtration des matieres. Malgré ces attentions, cela n'empeche pas qu'elles ne filtrent, & n'infectent preſque tous les puits de Paris, & ſouvent auſſi par la négligence des ouvriers, qui, lorſqu'il leur reſte du plâtre dans leur auge qui commence à ſe durcir, le mette en garni dans le mur, lequel fait cavité, n'ayant plus ſon liquide, & ce qui cauſe ſouvent les filtrations.

Obſervations à faire pour bien conſtruire les murs d'une foſſe d'aiſance, & empêcher la filtration des matieres.

Il faut poſer le rang de moilon intérieur de cette foſſe ſuivant la figure E, de deux ou trois pouces plus haut ou plus bas que celui extérieur, pour faire redent, & chevaucher les lits, afin qu'il ne ſe trouve aucun paſſage libre aux matieres, ainſi qu'aux lits de niveau, faits de même avec plâtre au panier, à bain liquide; & lorſque le Maçon ſe trouvera avoir du plâtre durci dans ſon auge, qu'il n'aura pas, par ſa négligence, employé à temps, il faut qu'il le jette, attendu qu'il ne vaut plus rien pour cette conſtruction.

La meilleure, pour l'hourdi de ces murs, doit être en bon mortier de chaux & ſable, ſe conſervant toujours liquide lors de la conſtruction, rempli mieux les vuides, & par conſéquent moins de filtration.

Lorſque l'on fait un maſſif au fond d'une foſſe d'aiſance, toutes les fois que la crue de l'eau s'y introduit, il faut le conſtruire en voûte à contre-ſens, ſuivant la figure F, pour empêcher le ſoulevement de l'eau, de même à chaux & ſable.

Démonstration d'appréciation du prix de la démolition d'une ancienne fosse d'aisance lorsque tous les matériaux se trouvent pourris par la filtration des matières.

On doit considérer cette fosse comme matiere ayant l'odeur encore plus subtile par la filtration, conséquemment la démolition & enlevement aux champs doivent être paiés à l'Entrepreneur Maître Maçon plus cher que la matiere liquide du Vuidangeur.

EXEMPLE.

Chaque toise de vuidange, à distance ordinaire, est payée au Vuidangeur, compris transport aux décharges fixées, la somme de.	48 l. // s. // d.

DÉTAIL.

Pour charge, transport & décharge, la somme de. . . . . 24 l.	
Pour le transport avec des bachoux, dans les tonneaux, puisement & charge. *Idem*. . . . . 24 l.	
Ensemble, comme dessus dit.	48 // //
Suivant ce prix ordinaire alloué au Vuidangeur pour sa vuidange, il est prouvé que les Maçons emploient, plus que le Vuidangeur, le double du temps à démolir, piocher & charger avec transport dans la rue, pour mettre les immondices en charge ; chaque toise cube pour cette main d'œuvre vaut.	48 // //

Ci-contre.	48 l. " f. " d.
Pour l'enlevement aux champs, le même prix accordé au Vuidangeur, de 24 livres la toiſe cube, quoique le Gravoitier n'en exige que 18, & que le poids ſoit plus peſant que les gravois ordinaires; mais les gratifications données aux Ouvriers pour les encourager à ſupporter la mauvaiſe odeur, & le double du temps qu'ils emploient à charger, équivalent les 6 livres à ajouter; donc, vaut le même prix du Vuidangeur, ci. .	24 " "
Valeur chaque toiſe cube en réglement. .	72 " "

La fouille de terre qui ſe trouve quelquefois à faire dans les foſſes d'aiſance, pour l'agrandiſſement d'icelles, doit être payée le même prix, étant infectée de même par la filtration des matieres.

Il faut en outre avoir égard que des ouvriers Maçons ne ſont point habitués à l'odeur des matieres fécales comme le ſont les Vuidangeurs, qui en font leur état; auſſi les payent-on plus chers que lorſqu'ils ſont employés aux ouvrages ordinaires, encore ſont-ils forcés de ſortir plus ſouvent de ces travaux que les Vuidangeurs, pour reſpirer le bon air, l'odeur étant plus ſubtile que la matiere liquide; ſans ces précautions, ils n'y réſiſteroient pas, puiſqu'ils ſont même contrains de ſe relayer : pluſieurs en ont été incommodés, & en ont perdu la vue. Ces repréſentations, qui paroiſſent fondées, ſont preuves de la demande ci-deſſus.

Les Vuidangeurs refuſent journellement de faire ces ſortes de démolitions au prix des Maçons.

Il eſt juſte que tout homme travaillant à quelqu'ouvrage pénible & non ordinaire, où ſa vie eſt en riſque, ſoit dédommagé par un paiement proportionné.

EXEMPLE.

Un Gravoitier eſt payé, chaque toiſe cube de fouille de terre ordinaire enlevée aux champs, la ſomme de 16 livres 6 ſols 9 deniers de deux cents ſeize pieds cubes: la vuidange, à la toiſe cube, eſt en même meſure, & eſt payée au Vuidangeur 48 livres ; donc la compenſation eſt faite à proportion de la difficulté & péril éminent.

Il y a très-peu de temps que pluſieurs Maîtres Maçons ont faits leurs repréſentations à ce ſujet d'après la repréſentation de l'Auteur, attendu qu'ils étoient léſés ſur ces ſortes d'ouvrages, ne leur étant ci-devant payés que comme fouilles ordinaires. Il eſt de la prudence de l'Architecte d'apprécier tous ouvrages quelconques à leur juſte valeur, & de les augmenter ou diminuer ſuivant que les circonſtances le requierent.

Veut-on ſavoir ce qui ſouvent occaſionne que les ouvrages ne ſont point eſtimés à leur juſte valeur. Cela provient 1°. de la faute d'un Toiſeur ſans pratique, 2°. d'un Entrepreneur non lettré qui met toute ſa confiance dans ſon Toiſeur qui en abuſe, 3°. de l'Architecte qui, diſtrait par la multiplicité de ſes occupations, l'empêche de faire un examen bien exact, & qu'il n'aime point que l'on lui fourniſſe les occaſions d'augmenter les ouvrages non mis à prix, attendu qu'effectivement il pourroit arriver que des Propriétaires l'accuſeroient de s'entendre avec les Entrepreneurs ; quoique ces ſoupçons paroiſſent fondés, la probité ne doit point y avoir égard, l'honnête homme éclairé doit conduire celui qui ne l'eſt pas, & pour cet effet, il faut préférer l'habile & honnête homme à l'ignorant & partial.

Repréſentation

Représentation pour la construction des murs de clôture des cours & jardins.

L'on construit ces murs à fruit des deux côtés, d'un pouce & demi chaque côté, étant fixés de dix-huit pouces d'épaisseur par le bas, réduits à quinze pouces par le haut, sous chaperon au-dessous du larmier ou bordure.

Ces murs à fruit sont construit contre l'art. Le chaperon est fait pour mettre à couvert le corps du mur, la bordure ou larmier, pour en écarter les eaux pluviales; pourquoi donc ne les point faire à-plomb, afin que l'égout de cette bordure ne tombe point sur ce mur? C'est ce qu'on appelle la bonne construction, & non pas à fruit, observant que l'égout dégrade continuellement ces murs, & devient même incommode aux espaliers dans un jardin.

L'on crépit ordinairement ces murs en plâtre, lesquels n'existent pas long-temps; ils se dégradent par l'humidité & intempérie de l'air. Pour qu'ils existent long-temps, ils doivent être faits de bon mortier de chaux & sable, en bonne saison, pour qu'ils se consolident, & l'on ne sera pas obligé de les faire tous les quatre ans, mais bien lorsque les murs s'écrouleront.

Le fruit ou talut ne convient qu'à un mur de terrasse pour le roidir contre la poussée des terres.

Observation pour la démolition d'un vieux bâtiment.

Avant de faire la démolition, il faut faire un toisé du cube total en œuvre, des murs, cloisons, pans de bois, cheminées, planchers, &c. fixé au prix de la fouille de terre ordinaire; & si toutefois ces démolitions de murs étoient consolidées comme certaine bâtiſſe, où il a fallu maſſe & coins pour faire la démolition, ce qui n'eſt pas ordinaire à Paris, tous les bâtimens étant conſtruits, en plâtre, & très-peu de bons mortiers; il faudroit y apprécier un prix convenable.

Mettre à part tous les matériaux quelconques des pierres, moîlons & platras, pour qu'ils puiſſent être toiſés & être donnés en compte à l'Entrepreneur, pour être remis en œuvre & les eſtimer à leur juſte valeur; & ſera payé à l'Entrepreneur pour l'entoiſage d'iceux, à chaque toiſe cube, trois livres, ci. . . . 3 l. // ſ. // d.

Si les matériaux ſont tranſportés à diſtance de la démolition, chaque relais de diſtance de dix toiſes ſera payé cinq ſols, ci. // 5 //

Pour connoître la quantité de l'enlévement des gravois aux champs, provenus de la démolition, d'après le précédent toiſé en œuvre, il faut faire déduction des matériaux donnés en compte; le ſurplus ſera le cube de l'enlévement des gravois aux champs; fixer à prix l'eſtimation ſuivant l'éloignement des décharges ordinaires; pour Paris, c'eſt trente-ſix ſols chaque tombereau, ci. . . . . . . 1 16 //

Lors de ces démolitions, il faut que le Propriétaire ſe muniſſe d'un homme de confiance, pour avoir ſoin de reſſerrer dans un magaſin tous les vieux fers, plombs, bois de charpente, menuiſeries & autres, pour empêcher que les Ouvriers ne puiſſent rien emporter; & lorſque les démolitions ſeront faites, il faut donner tous les matériaux en compte, de quelque nature qu'ils puiſſent être, aux différens Entrepreneurs, d'après un reçu ſigné d'eux.

Pour apprécier juste toutes démolitions, il faut prendre connoissance du temps à ce employé, compter la quantité de tombereaux de gravois enlevés aux champs, lesquels doivent être de trente-six pieds cubes chacun; & s'ils sont moins grands, faire déduction sur le prix de la voiture, en même proportion du moins. Si l'enlévement se fait à la toise cube, de tombereaux de trente-six pieds cubes, alors il en faut sept chaque toise cube remuée ou jectisse, n'en faisant que six en masse avant la démolition.

Autre Observation.

Avant la construction d'un bâtiment quelconque, il faut faire les plans, profils & élévations, désigner les différentes natures d'ouvrages, faire un devis estimatif de la dépense, pour en produire le montant au Propriétaire, afin qu'il puisse compter avec lui-même, & ne point se mettre dans le cas de la plupart des Entrepreneurs, qui font accroire aux Propriétaires une dépense de moitié au-dessous de ce qu'elle doit être; c'est pour lors une surprise, qui souvent fait la ruine des Propriétaires, si toutefois les termes des paiemens ne sont point limités, & l'Entrepreneur devient lui-même Propriétaire. Pour éviter ces supercheries, il faut détailler tous les objets qui composent la construction, fixer les prix & tempéramment, & dire, d'après le marché fait double, sous signature privée, ou passé devant Notaires, que l'Entrepreneur se charge de faire tous les ouvrages contenus au présent détail pour prix & somme de . . . . . sans diminution ni augmentation, à moins qu'il n'en soit ordonné par écrit signé de l'Architecte & du Propriétaire, & que tout ce en quoi les ouvrages contenus au présent détail pourroient excéder, seront à la charge de l'Entrepreneur & en pure perte pour lui. Si cependant il y avoit quelques augmentations en ſus de la convention (toutes les fois qu'elles ſeront reconnues ordonnées par le Propriétaires), elles ſeront payées en plus valeur par eſtimation. De même, ſi par changement il y avoit moins, ſera faite déduction au total du devis détaillé.

Dans les blocs en bâtiment, jamais changement de projet ne doit caſſer le marché; le bloc a toujours ſon entiere exécution, & le Propriétaire n'eſt tenu que de payer ſuivant l'eſtimation tout ce qui excede par changement.

Quand dans un bloc il n'eſt point fait le détail des ouvrages bien circonſtanciés, il naît des conteſtations à l'infini.

L'Entrepreneur induſtrieux, pour avoir l'ouvrage, fait ſa ſoumiſſion à un prix à plus de moitié au-deſſous de la valeur totale de la conſtruction. Le Propriétaire & l'Architecte acceptent cet Entrepreneur, le regardent comme un honnête homme, qui ſe contente de gagner peu, & penſent qu'ils ont une bâtiſſe à bon compte; mais ils ne prévoyent pas le piege que l'on leur tend; une léſion auſſi conſidérable ne peut avoir lieu. L'Entrepreneur peut faire un toiſé général pour ſe rendre compte; & quand il trouve une léſion d'une ſi grande conſéquence, il fait naître une erreur en ſon calcul à la fixation de ſon bloc, & fait remettre tout à eſtimation. La loi eſt très-formelle à ce ſujet. L'on revient toutefois d'erreur de ce calcul ou omiſſion pour un majeur, lorſqu'il prouve léſion de plus de moitié, & un tiers pour le mineur, ayant moins d'expérience (cette loi du conſeil eſt ainſi établie & enregiſtrée en parlement). Il faut donc éviter ces blocs. Pour détruire toute ſurpriſe, ſi l'Entrepreneur fait des ouvrages à vil prix, ſans pouvoir revenir ſur ſes pas, alors voici comment il ſe dédommage ſur la conſtruction.

Savoir:

1°. En pierres, des plaquis ou carreaux au lieu de parpaings.

Des parpaings avec fil, moyes & bouzins.

2°. En moilons, nulle attention pour les liaiſons, point ébouzinés, & de la moindre qualité.

3°. En plâtre, l'hourdi des murs, aires des planchers, & maſſif, moitié ou trois quarts de pouſſiere mêlés enſemble.

4°. En ſable, le moins bon, non dépourvu de terre, de nulle valeur, & le plus ſouvent provenu des fouilles du bâtiment.

5°. En chaux, le moins poſſible, n'étant que de de l'eau blanchie.

6°. De la latte blanche en place de celle de cœur de chêne.

7°. Aux recouvremens des bois de charpente, point de latte ni cloux, les bois hachés ou ruſtiqués ſeulement.

8°. Les languettes de cheminées, ſans arrachemens aux murs d'adoſſemens, &c.

En tout marché bien fait, doit être ſpécifié le prix de la toiſe de chaque nature d'ouvrage fait ſuivant l'art, ſujet à dire d'Expert & gens à ce connoiſſant.

Que tous les plans, profils & élévations ſoient reconnus & ſignés doubles des Propriétaires, Architectes & Entrepreneurs.

Ne jamais permettre qu'un Entrepreneur ſous-marchande ſes ouvrages à des tâcherons, à des prix beaucoup au-deſſous de ceux qui lui ſont accordés ; les tâcherons, vu la modicité du prix, ne peuvent trouver leur compte qu'en faiſant de mauvaiſe beſogne, faiſant emploi des matériaux tels que la nature les a produits, ſans en ôter les défectuoſités.

Rien ne doit ſe marchander en bâtiment à ſous-entrepriſe que la taille de pierre, mais auſſi l'Etrepreneur ne doit jamais y comprendre l'appareil, afin déviter la prodigalité des matériaux : il faut que l'Appareilleur ſoit toujours à la ſolde de l'Entrepreneur, ou du Propriétaire s'il fait travailler par économie, afin que le vil intérêt de la tâche ne le mette pas dans le cas de ne faire choix des matériaux ſans déchet le plus poſſible, ce qui arrive journellement.

Suivant les prix d'eſtimations démontrées ci-après, l'Entrepreneur eſt fixé à un dixieme de bénéfice, d'après le total de ſa dépenſe ; mais auſſi doit-il être payé de ſes travaux dans le cours de l'année d'après la perfection de ſes ouvrages, ſinon le Propriétaire tenu de faire rente de ce qui eſt dû à l'Entrepreneur d'après l'année révolue : pour lors l'Entrepreneur qui aura beſoin de ſon dû pourra faire un emprunt, en ſubrogeant à ſes droits & actions le Bailleur de fonds.

Nombre d'Etrepreneurs font des marchés de leur bâtiſſe, avec les Propriétaires, par délégation de leur paiement ſur les loyers. Le Propriétaire accepte cette propoſition, & combine qu'il ſera une vingtaine d'années ſans rien recevoir pour le paiement de ſa bâtiſſe, & que ce temps expiré, il jouira d'un revenu qui ne lui aura rien coûté ; mais il ne prévoit pas que ſouvent il arrive que ſa bâtiſſe eſt inſolide, par les ſupercheries qui ſe font pratiquées lors de la conſtruction ; de ſorte qu'au moment qu'il croit jouir, il n'a plus rien, étant obligé à des dépenſes conſidérables pour réparer l'édifice, Eſt-il poſſible qu'un honnête homme d'Entrepreneur ſoit payé avec l'intérêt de ſes deniers, & perde ſon fonds? C'eſt un abus des plus grands, & un piege que l'on tend au Propriétaire. Souvent une bâtiſſe faite inſolidement, eſtimée, ſuivant ces conventions, à cent mille livres, n'en a coûté que cinquante mille par les ſuperche-ries : alors où eſt donc l'avantage ?

Il eſt d'autres Propriétaires qui font bâtir à cré-dit, & qui paient la rente de leur bâtiſſe : quels avan-tages y trouvent-ils ? Ce n'eſt pas pour leur profit qu'ils ont fait bâtir, c'eſt pour l'Entrepreneur.

Tout Propriétaire qui ne veut faire bâtir qu'à crédit, en payant rente aux Entrepreneurs, feroit beaucoup mieux de faire un emprunt total, & ne payer cette rente qu'à une ſeule perſonne ; il auroit moins d'em-barras que de payer à chacun des Entrepreneurs, leſquels, au moyen de cet emprunt, étant payés comptant, feroient l'ouvrage à bien meilleur compte qu'un cré-dit. L'on trouve journellement à faire des emprunts toutes les fois qu'il y a hypotheque ou quittance d'emploi ; mais ils ne doivent ſe faire que lorſque la bâtiſſe eſt faite dans un emplacement favorable, & que le revenu excede l'intérêt de l'emprunt.

Démonſtration du toiſé de la Maçonnerie.

SAVOIR ;

Tous les murs, tant en fondation qu'élévation, ſeront meſurés en leur longueur, hauteur & épaiſſeur en œuvre, tous les vuides de portes & croiſées déduits, ſans aucune demi-face ; après ces déductions faites, le ſurplus de la ſurface ſera dû à l'Entrepreneur.

Murs en Pierres.

Sera faite la déduction du vuide des croiſées du deſ-ſus de l'extrados des claveaux de fermeture juſques ſur les appuis ou banquettes, ſi toutefois il n'y a point d'élégiſſement à niveau du plancher, afin de développer particuliérement les claveaux à leur extrados, faiſant la longueur d'iceux, & non entre les tableaux ſur leur hauteur proportionnelle, pris ſuivant la ligne d'inclinaiſon des coupes tendantes au centre.

Développer la taille intérieure des tableaux, feuillures & embraſſemens, ſcellemens & ſollemens des croiſées ou chaſſis, ſuivant les prix ci-après; toiſer les ceintres de charpente à ce néceſſaire, & ſcellemens d'iceux; diſtinguer les différentes natures de pierres.

Cuber le déchet de pierre des évuidemens d'angles en pierre dure demandé au prix de l'ouvrage en œuvre, étant en pure perte.

Le déchet des évuidemens en Saint-Leu, Vergelé, & Lambourdes, demandés au prix de l'acquiſition du Marchand, leſquels peuvent ſe ſcier: de ces déchets, l'Entrepreneur en fait uſage en ſa bâtiſſe, dans des ſoubaſſemens de croiſées élégies, fermetures de cheminée, ou de bons moilons, différent de la pierre dure, qui eſt ébauchée à la pointe, & mis en gravoir, qu'il fait enlever aux changes.

La taille cintrée en pierre dure ſe toiſe à face & demie, eu égard au grand ébauche, différent d'un parement droit.

Et en pierre tendre, une face ſeulement, n'y ayant point d'ébauche, étant faite avec la ſcie à dents.

Toutes faillies en pierre ſe comprend avec l'épaiſſeur du mur en plus épaiſſeur, ſuivant les prix ci-après.

Aux ſaillies des plinthes & entablemens, ſera fait la déduction des paremens non faits au derriere d'icelles.

La taille des ſaillies ſera développée en plus valeur chaque membre, pour ſix pouces réduits, petits comme grands, l'épannelage y compris.

La saillie des corps pilastres & tables, chacun pour six pouces de taille en plus valeur.

Pour toiser la pierre suivant l'art, il faut l'équarrir de la forme qu'exige celle en œuvre, de même qu'il sera démontré au traité ci-après.

Murs en Moilon.

Lesdits murs seront de même toisés, déduction faite des vuides sans aucune demi-face, & après, sera fait le développement du parement intérieur des tableaux, feuillures & embrassemens, sollemens & scellemens des chassis de croisées & portes.

Le mur de dix-huit pouces d'épaisseur, ravalé en plâtre, ne doit être toisé que de seize pouces & demi, observant que les enduits des deux paremens contiennent dix-huit lignes d'épaisseur, & qu'il n'y a en moilon que l'épaisseur susdite, & que le prix des ravalemens ci-après est apprécié particuliérement.

Les saillies d'Architecture quelconques, pilastres & tables, seront développées en plus valeur en léger, suivant les prix ci-après, ainsi qu'il est démontré ci-dessus, en pierre.

Les massifs en moilon seront à la toise cube, sans paremens.

Légers ouvrages en Plâtre.

Les plafonds seront à toise superficielle, observant sur iceux de déduire les plâtres non faits dans la saillie des corniches, n'y ayant que cloux & lattes; déduire de même tout ce qui en sera tronqué par les passages de cheminées & autres.

Les saillies des corniches seront mesurées en leur pourtour au milieu d'icelles, moyenne proportionnelle, & non aux nuds des murs, & seront mises à prix ci-après détaillés.

Les retours ne pouvant se traîner, étant coupés à la main, il sera accordé deux pieds de longueur en plus valeur chaque retour, sur la hauteur du profit.

Cloisons.

Les cloisons de distribution seront mises à prix chaque toise superficielle, suivant leur nature; sera faite la déduction des vuides de portes & croisées, & sera fait le développement intérieur du tableau, feuillures, & cueillies d'arrêtes en plus valeur de léger, démontré ci-après.

Le vuide d'une baie de porte de six pieds sur trois pieds de large produit dix-huit pieds de surface, & le développement intérieur quinze pieds de pourtour sur douze pouces réduits : savoir, six pouces de feuillure, trois pouces de cueillie, & trois pouces pour le recouvrement du tableau, ensemble comme dessus, douze pouces réduits; c'est conséquemment trois pieds de surface à déduire sur cette baie.

Planchers.

Les aires de planchers, ou plâtre pur, de deux ou trois pouces d'épaisseur sur bardeau ou lattis cloués jointifs, seront mis à prix à toise superficielle, suivant leur nature, avec déduction du passage des cheminées & âtres, s'il y a un plafond dessous; & si au lieu de plafond il y a des entrevous, l'âtre sera demandé comme plafond.

Les entrevous & augets entre les solives, *idem*, à toise superficielle.

Les languettes de cheminées, *idem.*

Les enduits, renformis, crépis & rejointemens, *idem*, à toise superficielle, suivant leur nature.

Si toutefois, dans la conſtruction des murs en moilon, il n'y avoit aucun linteaux, & que toutes les baies fuſſent cintrées en moilon, il ſera accordé à l'Entrepreneur une plus valeur, non pour les matériaux, étant les mêmes, mais pour le double du temps à ce employé à proportion de la grandeur des baies; cette conſtruction eſt très-bonne; car ſouvent les linteaux de charpente s'échauffent, & cauſent des ruptures & réparations fréquentes: ces décharges ne ſont pas plus coûteuſes que les linteaux pour le Propriétaire, mais le bois plus avantageux pour l'Entrepreneur, tenant lieu de moilon & plâtre.

Toutes les fois qu'il eſt mis des linteaux, il faut qu'ils aient douze pouces de portées ſur les trumeaux pour faire liaiſon avec la maçonnerie, car n'étant que de ſix pouces, ils deviennent en porte-à-faux ſur l'arrête des tableaux, & tendent à l'écroulement, n'ayant point ſuffiſamment d'appui.

D'après le détail ci-après, démontré à ſa juſte valeur, l'on évitera les tromperies & ſupercheries de toutes parts; mais auſſi ne faut-il pas que les Entrepreneurs obligent les Propriétaires à une dépenſe plus forte qu'ils ne peuvent faire; c'eſt inexcuſable: mais quand à celles d'ignorance, qui conſiſtent à refaire ce que l'on a mal fait, à changer un deſſein, & à l'augmenter, alors cela procede du peu de connoiſſance ou du caprice du Bâtiſſeur, qui lui-même y donne lieu: il devient difficile de les détailler; il n'y a que celles qui ſe font ingénuement & ſans ignorance qui ont plus beſoin de l'être, ce ſont celles qui procedent du choix des matériaux, leſquels, lorſque l'on les a mis en œuvre, paroiſſoient bons & ſont devenus mauvais par la ſuite des temps, ou de ce que les ouvrages ont fait un effet auquel l'on ne s'attendoit point.

Il eſt preſque impoſſible aujourd'hui de bien bâtir,

attendu que le Propriétaire qui veut jouir, ne donne point le temps de faire choix des matériaux; & la plupart des Entrepreneurs que l'appas du gain rend avide de vanité, s'empressent à servir celui qui les met en œuvre, cherchent à s'insinuer dans son esprit, prennent tout ce qui se présente, & ce qui peut promptement concourir à leur desir; bon, mauvais, tout s'admet, & l'envie de jouir ferme les yeux du Bâtisseur, d'où il résulte souvent des ouvrages mal fait.

Il faut toujours, avant de bâtir, avoir une certaine provision de matériaux, tels que pierres, moilons & sable, qui souvent, étant fraîchement tirés de la carriere, ne font point corps avec la chaux, le plâtre & le sable, sur-tout dans l'arriere-saison, relativement à son humidité, n'ayant pas eu le temps de se sécher; ainsi de tous autres ouvrages qui composent le bâtiment.

Il n'est point fait mention dans ce Traité de la position, aspect & distribution que doivent avoir les bâtimens, il y a des Architectes très-éclairés à ce sujet qui les savent prendre suivant les différens sujets, états, & qualités des personnes qui les emploient.

Pour avoir quittance d'emploi en bâtimens pour hypotheque de l'avance de ces deniers.

Il faut avant la construction d'un bâtiment, faire avec l'Entrepreneur un devis & marché devant Notaire, prendre connoissance du contrat d'acquisition de l'emplacement, ainsi que la quittance de liquidation; mais aussi seroit-il à propos que tout Propriétaire ne fût autorisé à faire un emprunt sur son bien fonds, sans le mentionner sur son contrat; l'on éviteroit les surprises continuelles, qui font un tort considérable aux Entrepreneurs, n'ayant aucunes hypotheques certaines de l'avance de leurs deniers par des emprunts antérieurs, dont le fonds, ni la bâtisse ne suffisent pas pour les payer.

Il faut, après la perfection du bâtiment, faire l'estimation & réception par Expert, entérinées au châtelet; sans cette précaution, nuls privileges.

Ces opérations ainsi faites, le Propriétaire qui veut se liquider avec ses Entrepreneurs, peut faire un emprunt, en subrogeant le Bailleur au lieu & place des Entrepreneurs, & jouit du privilege, toutes les fois que ce sont tous Maitres qui ont fait bâtisse.

APPRECIATION

Du prix des Ouvrages de maçonnerie, suivant la valeur des matériaux à Paris, en l'année 1781, avec facilité d'en faire usage par-tout le royaume, en prenant connoissance de la valeur, tant des matériaux que du prix des Ouvriers, suivant les différens endroits.

SAVOIR;

Murs en pierre dure.

Nota. Le sixieme du déchet alloué en plus valeur du cube de la pierre en œuvre, est fondé sur ce qui suit:

1°. La taille des lits atteints, jusqu'au vif.

2°. Pour la fixation du parpaing des murs à deux paremens.

3°. Le déchet, lors du débit des parpaings, marches, dalles & appuis qui se trouvent journellement par les fils qui se découvrent après le débit fait, & qu'au lieu de pierres de taille, l'Entrepreneur n'a que de très-mauvais moilons, perte réelle, mais encore les sciages.

4°. Observant qu'aux murs de terrasses en pierre à un parement, l'on ne doit allouer à l'Entrepreneur qu'un dixieme pour déchet.

Chaque toiſe cube contient deux cents ſeize pieds, & un ſixieme accordé pour déchet, enſemble deux cents cinquante-deux pieds, à 20 ſols le pied cube, valent.	252 l. ″ ſ. ″ d.
Le dixieme de bénéfice dû à l'Entrepreneur vaut.	25 4 ″
Pour l'enlévement de trente-ſix pieds cubes de gravois aux champs, provenus du déchet, à 1 ſol le pied cube payé au Gravoitier, & un dixieme de bénéfice comme deſſus, valent enſemble. .	1 19 7
Pour la poſe des deux cents ſeize pieds cubes, à 6 ſols le pied cube, compris bardages, équipages néceſſaires & fourniture de plâtre, valent, compris le dixieme de bénéfice, la ſomme de 64 liv 16 ſ. Toutefois que ce prix ſera tant en fondation qu'en élévation, en ſuppoſant que la fixation d'élévation ſoit à vingt-quatre pieds de hauteur, eſtimant toute poſe de pierre à rez-de-chauſſée 5 ſols le pied, & à vingt-quatre pieds de hauteur 7 ſols le pied, enſemble 12 ſols, donc la moitié, comme ci-deſſus dit, eſt de 6 ſols moyenne proportionnelle; & pour fixer ce prix ou élévation par tant du prix à rez-de-chauſſée, de 5 ſols, augmenter d'un denier par pied cube d'élévation, donc les deux cents ſeize pieds cubes, à 6 ſols le pied cube, valent. . .	64 16 ″
Valeur de chaque toiſe cube, brute en œuvre.	343 l. 19 ſ. 7 d.

Chaque pouce d'épaiſſeur vaut . . . . 4 l. 15 ſ. 6 d. $\frac{4}{6}$.

Détail du plâtre qui doit entrer dans une toiſe cube de pierre, pour les lits & joints, ſuppoſé en quatre aſſiſes de dix-huit pouces de haut chacune.

Il en faut dix-huit ſacs, à 6 ſols le ſac, compoſant quatre lits de plâtre d'un pouce d'épaiſſeur, les joints montans y compris, enſemble douze pieds cubes, ou dix-huit ſacs comme-deſſus, valent. . .	5 l. 8 ſ. // d.

Idem, *pour connoître la valeur de la poſe de la toiſe cube de pierre, de deux cents ſeize pieds.*

SAVOIR;

	l.	ſ.	d.
Deux jours de Poſeur, à 4 livres par jour, valent.	8 l.	// ſ.	// d.
Deux de Contrepoſeur, à 50 ſols par jour, valent.	5	//	//
Quatre de Ficheur, à 35 ſols par jour, valent.	7	//	//
Six de Manœuvre, à 25 ſols par jour, valent.	7	10	
Seize de Bardeur, pour le charrois & miſe ſur le tas, audit prix, valent. .	20	//	//
Plâtre.	5	8	//
Pour les chêvres, gruau, cables, charriot & autres uſtenciles, le dixieme de cette dépenſe, vaut.	5	5	9
Dépenſe chaque toiſe cube.	58 l.	3 ſ.	9 d.
Le dixieme de bénéfice pour l'Entrepreneur vaut.	5	16	7 $\frac{3}{12}$.
Valeur en réglement.	64 l.	// ſ.	4 d.

Le détail de l'autre part est forcé de 15 sols 8 deniers sur la pose de cette toise cube, c'est pour éviter fractions, & le fort denier alloué à l'Entrepreneur est fixé à 6 sols.

Appréciation pour développer la valeur de la taille de pierre contenue en murs de toute épaisseur.

SAVOIR;

Il est payé ordinairement au Tailleur de pierre tâcheron 12 livres la toise superficielle de taille, chaque parement vu; cet usage peut être bon pour un mur de dix-huit pouces d'épaisseur, mais n'est point proportionné aux grandes épaisseurs, comme aux plus foibles.

EXEMPLE.

Dans les murs, de quelques épaisseurs qu'ils soient, il faut fixer chaque toise superficielle de paremens à huit livres, & développer la superficie des lits & joints à quatre livre la toise superficielle, considérant, 1°. que les paremens sont le cœur de la pierre qu'il faut piocher, hacher, & layer; 2°. les lits, comme moins dures, ne sont que piochés & hachés : 3°. les joints n'étant que rustiqués, ne valent que moitié de la taille des paremens, motifs de l'appréciation de ces différentes tailles, observant que plus un mur a d'épaisseur, plus il y a de joints & lits : il n'est pas possible que dans un mur de six pieds d'épaisseur, le tâcheron puisse faire le double de taille, de lits & joints, différent d'un mur ordinaire de dix-huit pouces d'épaisseur, au même prix de 12 livres chaque toise de parement vu ; la pratique le démontre clairement, & le détail ci-après va le prouver. Il faut observer qu'il n'y a que deux paremens

paremens dans un mur de six pieds d'épaisseur, comme dans celui de dix-huit pouces, & que celui de six pieds doit être plus cher en taille.

Détail de la valeur de chaque toise superficielle de mur en pierre dure, en œuvre de dix-huit pouces d'épaisseur, à deux paremens.

SAVOIR;

Les dix-huit pouces d'épaisseur, à 4 livres 15 sols 6 deniers le pouce brute, en œuvre, suivant le détail ci-dessus, valent la somme de.	85 l. 19 s. // d.
Deux toises superficielles de taille des deux paremens, à 8 livres chaque toise, valent.	16 // //
Les lits & joints, suivant la figure G, ensemble soixante-douze pieds de pourtour sur dix-huit pouces de large, produisent trois toises superficielles, à 4 liv. la toise, valent.	12 // //
Le dixieme de la valeur de cette taille, en plus valeur pour l'appareil & ragrément de la taille contenus en cette toise, vaut.	2 16 //
Le dixieme de bénéfice dû à l'Entreneur sur la taille, appareil & ragrément, vaut.	3 1 6
Valeur en réglement, chaque toise. .	119 l. 16 s. 6 d.

Chaque pouce d'épaisseur de ces murs vaut. . . . . 6 l. 13 s. 1 d. $\frac{2}{3}$.

Un Tailleur de pierre, chaque journée, taille environ quinze pieds de ſuperficie de pierre ordinaire en paremens, joints & lits aux prix ci-deſſus ; ſavoir, ſix pieds de ſurface de paremens, & neuf pieds de lits & joints, c'eſt 46 ſols 8 deniers par jour, & il n'eſt payé de l'Entrepreneur que 45 ſous ; donc il y a 1 ſ. 8 d. environ de bénéfice ſur chaque journée.

Il y a des Tailleurs de pierre qui ne ſont pas payés 45 ſous, mais auſſi ne font-ils pas la même quantité de taille qu'un bon ouvrier, ce qui ſe trouve compenſé dans le bénéfice accordé à l'Entrepreneur.

Autre détail pour un mur de trente-ſix pouces d'épaiſſeur en pierre idem.

SAVOIR ;

Les trente-ſix pouces d'épaiſſeur, à 4 liv. 15 ſols 6 deniers le pouce, chaque toiſe ſuperficielle brute en œuvre valent.	171 l. 18 ſ. ″ d.
Deux toiſes ſuperficielles de taille pour les deux paremens, à 8 liv. la toiſe, valent.	16 ″ ″
Les lits & joints, enſemble ſoixante-douze pieds de pourtour, ſuivant le développement ci-deſſus, ſur trois pieds de large, produiſent ſix toiſes de ſurface, au même prix de 4 liv. la toiſe, valent. .	24 ″ ″
Le dixieme de cette dépenſe de taille, pour l'appareil & ragrément, vaut. . . .	4 ″ ″
Le dixieme de bénéfice dû à l'Entrepreneur pour cette appareil & ragrément, vaut.	4 8 ″
Valeur chaque toiſe en réglement. . . .	220 l. 6 ſ. ″ d.

Chaque pouce d'épaiſſeur vaut . . . . 6 l. 2 ſ. 4 d. $\frac{2}{3}$.

Autre détail pour un mur de neuf pouces d'épaisseur, pierre idem.

SAVOIR;

Les neuf pouces d'épaisseur, pierre brute en œuvre, à 4 livres 15 sols 6 deniers le pouce d'épaisseur, chaque toise superficielle vaut.	42l. 19s. 6d.
Deux toises superficielles de taille, pierre dure des deux paremens, à 8 liv. la toise, valent.	16 " "
La taille des lits & joints comme dessus, ensemble soixante-douze pieds de pourtour sur neuf pouces de large, produit une toise & demie de surface, à 4 livres la toise, valent.	6 "
Le dixieme de la dépense de cette taille, pour appareil & ragrément, vaut. .	2 4 "
Le dixieme de bénéfice dû à l'Entrepreneur, pour cette taille, appareil & ragrément, vaut	2 8 $4\frac{4}{5}$
Valeur en réglement, chaque toise superficielle.	69 11 $10\frac{4}{5}$

Chaque pouce d'épaisseur de mur de cette espece vaut. . . . . 7 l. 14 s. 7 d. $\frac{7}{9}$.

Autre détail pour chaque toise superficielle de dalle, pierre dure de six pouces d'épaisseur.

SAVOIR;

Les six pouces d'épaisseur, à 4 livres

15 sols 6 deniers le pouce brute, en œuvre, chaque toise superficielle vaut. 28 l. 15 s. // d.

Une toise superficielle de taille, parement, à 8 livres la toise, vaut. . . . . 8 // //

La taille des joints, ensemble soixante-douze pieds de pourtour sur six pouces réduits, produit une toise superficielle, à 4 livres la toise, vaut. . . . . 4 // //

Le dixieme de cette taille, pour l'appareil & ragrément, vaut. . . . . 1 4 //

Le dixieme de bénéfice dû à l'Entrepreneur sur cette taille, appareil & ragrément, vaut. . . . . 1 6 4 $\frac{1}{10}$

Valeur en réglement, chaque toise superficielle. . . . . 43 3 4 $\frac{1}{10}$

Maniere de toiser une jambe étriere, compris déchet, suivant la figure H.

Ladite pierre doit être équarrie, supposée de douze pouces de hauteur, contenant trois pieds de long sur trois pieds de large, produit en cube neuf pieds.

Développer la taille cinglée en son pourtour & hauteur, *idem*, en plus valeur, les deux feuillures & angles du mur en retour, de chacun six pouces, ensemble deux pieds, de même le prix de la pose, suivant le précédent détail.

Le déchet de pierre dure, pour les évuidemens d'angles, est dû à l'Entrepreneur, au prix de l'ouvrage en œuvre, fondé sur ce qui suit.

1°. Les lits sont faits dans la superficie totale avant l'évuidement.

2°. Le grand ébauche est toisé pour taille à face & demie au tâcheron.

3°. L'enlévement des gravois aux changes, provenus de ces évuidemens, payé au Gravoitier.

4°. Plus de difficulté de bardage & pose.

Tous ces objets peuvent équivaloir le prix pour la pose du déchet non en œuvre, contestés par quelques Architectes, alors il faut donc estimer tous ces objets.

Pourquoi s'opposer à payer ces représentations au maître Maçon, tous ces déchets étant en pure perte, & accorder au maître Charpentier le déchet de ces bois au prix de ceux en œuvre? Il le débite le plus souvent à son profit, & jouit des copeaux : donc la demande est bien fondée.

Maniere de toiser les murs circulaires en pierre dure pour un puits.

Il faut équarrir chaque morceau qui compose la circonférence démontrée suivant la figure I, supposée de quatre morceaux de chacun quatre pieds quatre pouces de long sur douze pouces de haut, & vingt pouces d'épaisseur.

Développer les tailles à face & demie eu égard au grand ébauche, le surplus comme dessus.

Autre développement pour toiser un pillier de pierre dure isolé sur quatre faces, suivant la figure L.

Ledit pilier se toise comme un mur à deux paremens, suivant le détail ci-dessus.

EXEMPLE.

Il contient six pieds de haut sur trois pieds de large & trois pieds d'épaisseur, produit en superficie, en mur de trente-ſix pouces d'epaiſſeur, demi toiſe, à 4 liv. 15 ſols 6 deniers le pouce brute en œuvre, la toiſe vaut. . . . . 171 l. 18 ſ. // d.

Ledit pilier produit une demi toiſe, vaut.	85 l. 19 ſ. // d.
Deux toiſes ſuperficielles de taille des quatre paremens, à 8 livres la toiſe, valent.	16 // //
Deux toiſes ſuperficielles de taille de lits, ſupoſés en quatre aſſiſes de dix-huit pouces de haut chacun, à 4 livres la toiſe, valent.	8 // //
Le dixieme de cette taille, pour l'appareil & ragrément, vaut.	2 8 //
Le dixieme de bénéfice dû à l'Entrepreneur ſur ces trois derniers articles vaut.	2 12 $9\frac{6}{10}$
Sera ajouté à tout pilier iſolé un ſixiéme en plus valeur pour la poſe, beaucoup plus ſujette qu'un mur à deux paremens, faiſant.	2 14 //
Valeur en réglement pour le pilier. .	117 l. 13 ſ. $9\frac{6}{10}$

Autre détail en pierre idem *pour le fût d'une colonne, ſuivant la figure* M.

SAVOIR;

Ladite colonne, ſuppoſée de douze pieds de hauteur ſur trois pieds de diamétre, produit en cube, pierre dure, 108 pieds, & un ſixieme accordé pour le déchet, enſemble cent vingt-ſix pieds cubes pierre ordinaire, à 20 ſols le pied cube, valent. . . . . 126 l. ″ ſ. ″ d.

Pour l'enlévement des gravois aux champs provenus de ce déchet . . . . ″ 18 ″

La taille pierre dure du parement d'icelle contient douze pieds de haut ſur neuf pieds ſix pouces de circonférence, à deux faces, eu égard à la ſujétion & grand ébauche, produit ſix toiſes douze pieds en ſuperficie, à 8 livres la toiſe ſuperficielle, valent. 50 13 4

Suppoſé cette colonne de huit aſſiſes de chacune dix-huit pouces de haut, la taille de ſeize lits de chacun trois pieds carrés, produiſent enſemble quatre toiſes ſuperficielles de taille, à 4 livres la toiſe, valent. 6 3 4

Le dixieme, pour l'appareil & ragrément, vaut. 6 13 4

Le dixieme de la dépenſe totale de bénéfice dû à l'Entrepreneur vaut. . . 20 ″ $5\frac{6}{10}$

Il y a dans cette colonne la poſe de cent huit pieds cubesde pierre en œuvre, à 12 ſols le pied cube, double de l'ouvrage ordinaire, ſuivant le détail ci-deſſus, valent. 64 16 ″

Valeur de ce fût de colonne en réglement. . . . . 285 l. 1 ſ. 1 d. $\frac{6}{10}$

Autre détail pour apprécier la valeur d'un arc en pierre dure, d'une voûte ou berceau de cave de dix-huit pouces d'extrados sur deux pieds & demi réduit de large, suivant la figure N.

SAVOIR;

	Cubes p. dure.
Ledit arc se mesure, la circonférence prise à l'extrados, du dessus des trois premieres retombées de douze pieds deux pouces de circonférence sur deux pieds six pouces de large & dix-huit pouces d'épaisseur, produit en cube. . .	45p. 7p. 6l.
Les deux premieres retombées ensemble, cinq pieds de long sur douze pouces de haut & deux pouces d'épaisseur en retombée seulement, produisent en cube. .	*Idem.* // 10 //
Les deux secondes retombées ensemble, cinq pieds de large sur quatorze pouces de haut, & six pouces d'épaisseur en retombée, produisent en cube. .	*Idem.* 2 11 //
Les troisiemes retombées ensemble, cinq pieds de large sur dix-neuf pouces de haut & douze pouces d'épaisseur, *idem*, pour le déchet de pierre des deux croisettes des lits de dessous, ensemble cinq pieds de large sur trois pouces de haut & dix-huit pouces d'épaisseur, produisent ensemble, en cubes.	9 9 6
Cubes pierre en œuvre.	59p. 2p. // l.
Le sixieme accordé pour déchet de. .	9 10 4
Cube pierre dure, compris déchet. . . .	69p. // p. 4l.

Pour éviter ce long détail, & pour abréger, un arc de pierre semblable, se peut mesurer de la maniere suivante.

Multiplier quinze pieds six pouces de circonférence en douelle, sur deux pieds six pouces de large réduits, & dix-huit pouces d'épaisseur d'extrados, produit en cube, compris déchet, soixante-huit pieds dix pouces dix lignes & demie; comme la différence est de peu de conséquence, cette maniere peu servir de regle.

La taille sera développée comme dessus, les douelles à face & demie, au prix de 8 liv. la toise supercielle.

Les coupes *idem*; 4 liv. la toise superficielle.

La pose & bénéfice comme dessus, &c.

Voûte d'arrêtes & arc de cloître.

Pour toiser une voûte d'arrête ou arc de cloître, il faut 1°. développer géométriquement la surface ou extention d'icelle.

2°. Développer particuliérement les arrêtiers, les équarrir, pour en connoître le cube, avec le sixieme pour déchet, & sur la surface totale de l'extention déduire celle des arrêtiers, le surplus multiplier par l'épaisseur de la voûte, comme voussoir ordinaire, ainsi qu'il est démontré ci-dessus, y ajouter le déchet, & l'on aura le cube total de la pierre employée auxdites voûtes en œuvre pour fourniture & pose.

3°. La taille sera connue par l'extention, totale toisée pour deux faces & demie en douelle, étant cintrée ou circulaire, les coupes y comprises.

4°. Une double taille en plus valeur de la surface totale des arrêtiers en douelle, occasionnée par l'équarrissement de la retombée & coupes, démontré suivant la figure O d'un arrêtier, & cingler l'arrête de ces arrêtiers à pied courant de taille, en plus valeur.

S'il y a des lunettes dans lesdites voûtes, elles seront déduites sur l'extention totale, & développées particuliérement, suivant ce que dessus, en leur extention prise du nud des murs, &c.

Les cintres nécessaires en charpente seront détaillés particuliérement, & payés au Charpentier suivant le toisé, ainsi qu'il sera mentionné au détail de la charpente ci-après.

Comme les cintres en charpente ne sont point taillés juste suivant les voûtes, & qu'il est toujours observé un vuide pour plus de facilité à la pose, le Poseur est obligé de faire des tasseaux en moilon & plâtre, lesquels sont dus en plus valeur à l'Entrepreneur, suivant ce qu'ils sont, en léger à pied courant, suivant les prix ci-après.

Trompes.

Les trompes, de quelques natures qu'elles soient, se doivent toiser par équarrissement, morceau par morceau, & les tailles à deux faces & demie comme dessus, eu égard au grand ébauche & partie cintrée.

La pose des pieces de trait de cette nature doit être estimée le double de la pose ordinaire, eu égard au plus ou moins de difficulté, ainsi que pour les cintres en charpente.

Toute voûte en pierre sera fixée d'épaisseur d'extrados, & lorsque les reins seront remplis, ils seront toisés au cube, maçonnerie en moilon & plâtre non ravallée, ou en mortier, suivant leur nature, aux prix ci-après détaillés en moilon.

Détail pour mettre à prix la valeur d'un banc de pierre dure avec consoles, pour un jardin ou autre endroit, suivant la figure P.

SAVOIR;

Un banc de six pieds de long sur dix-huit pouces de large & six pouces d'épaisseur, trois consoles de chacune deux pieds six pouces de haut sur quinze pouces de large & six pouces d'épaisseur, produisant ensemble en cube, dix pieds neuf pouces, compris un sixieme pour le déchet, à 20 sols le pied cube d'acquisition, vaut. . .	10l. 15s. //d.
La taille du parement sur le dessus de ce banc, de six pieds de long sur dix-huit pouces, celui de dessous *idem*, ceux au pourtour, ensemble quinze pieds sur six pouces, la saillie de la moulure sur trois faces, ensemble neuf pieds de pourtour sur dix-huit pouces de profil, les trois consoles ensemble dix pieds six pouces de pourtour sur deux pieds six pouces de haut, & trois pieds de surface, en plus valeur pour la saillie des consoles, produisent, ensemble, pour taille, une toise & demie quatre pieds trois pouces en surface, à 8 livres la toise, vaut.	12 18 10
Le dixieme de bénéfice dû à l'Entrepreneur pour la fourniture de pierre & taille vaut.	2 7 4
Pour la pose des dix pieds neuf pouces cubes de pierre en œuvre, à cinq sols le pied cube, la somme de.	2 13 9
	28l. 14s. 11d.

De l'autre part.	28l. 14f. 11d.
La maçonnerie en moilon & plâtre pour le fcellement des trois confoles, enfemble 4 pieds fix pouces de long fur 18 pouces de haut & 18 pouces d'épaiffeur non ravalée, produit en cube 3 pouces 4 lignes & demi, à 7 fols 9 deniers le pied cube, ou 83 livres 16 fols 6 deniers la toife cube, vaut.	3 15 7
La fouille & remblai fait pour le fcellement de ces confoles, eftimé à . . .	" 2 9
Valeur en réglement.	32l. 13f. 3 d.

Chaque pied de longueur vaut. . . . . 5 l. 9 f. " d.

Une auge de pierre de 6 pieds de long fur 4 pieds de large & 24 pouces de hauteur hors œuvre, fuivant la figure Q, produit en cube 56 pieds, compris le fixieme pour le dechet, à 40 fols le pied cube, étant d'échantillon non ordinaire, vaut.	112l. "f. " d.

Taille d'icelle, le lit de deffus de 6 pieds fur 4 pieds, les paremens extérieurs en quatre fens, enfemble 20 pieds de pourtour fur deux pieds de haut, à face, les paremens intérieurs à-plomb, enfemble 16 pieds de pourtour fur 18 pouces de haut, celui du fond de 5 pieds fur trois pieds de large, à deux faces, eu égard au grand ébauche & tranchée pour l'évuidement, produifent enfemble

Ci-contre.	112l. // f. // d.
3 toises & demi 16 pieds, à 8 livres la toise superficielle, valent.	29 11 1
Le dixieme de bénéfice, sur l'acquisition de la pierre de taille, dû à l'Entrepreneur, vaut.	14 3 1
L'enlévement des gravois aux champs provenus du déchet & évuidement de cette auge, ensemble 30 pieds 6 pouces cubes, vaut, avec le dixieme de bénéfice.	1 13 6
La pose de 48 pieds cubes de pierre contenue en cette auge, sans déduction du vuide, eu égard à la sujétion plus grande que celle d'une pierre non évuidée, à 5 sols le pied cube, vaut . . .	12 // //
Valeur en réglement.	181 l. // f. 2 d.
Et si toutefois cette auge étoit transportée à distance considérable, sera ajouté un prix en proportion, pour mémoire, ci.	*mémoire.*

Mur pierre vergelé.

Il faut, dans une toise cube, deux cents cinquante-deux pieds cubes, compris le sixieme pour déchet, à 14 sols le pied d'acquisition, valent	176 l. 8 f. // d.
Le dixieme de bénéfice sur cette pierre vaut.	17 12 9
	194 l. // f. 9 d.

De l'autre part.	194 l. " s. 9 d.
L'enlévement des 36 pieds cubes de gravois provenus du susdit déchet, estimé, compris le bénéfice, à	1 19 7
La pose, fourniture de plâtre & ustensiles comme dessus, valent	64 16 "
Valeur de chaque toise cube brute en œuvre.	260 l. 16 s. 4 d.

Chaque pouces d'épaisseur vaut . . . . 3 l. 12 s. 6 d.

Détail d'un mur de dix-huit pouces d'épaisseur, pierre vergelé.

SAVOIR;

Chaque pouce d'épaisseur brute en œuvre, à trois livres 12 sols 6 deniers le pouce, les 18 pouces valent	65 l. 5 s. " d.
Deux toises superficielles de taille de paremens, à 4 livres la toise, & trois toises superficielles de taille de lits & joints, à 2 livres la toise, même égard que ci-devant, valent ensemble.	14 " "
Le dixieme, pour l'appareil & ragrément en plus valeur de cette taille, vaut. .	1 8 "
Le dixieme de bénéfice dû à l'Entrepreneur sur cette taille, appareil & ragrément, vaut.	1 10 9
Valeur en réglement	82 l. 3 s. 9 d.

Chaque pouce d'épaiſſeur vaut. .... 4 l. 11 ſ. 3 d.

Un Tailleur de pierre taille chaque journée vingt-pieds ſuperficiels de lits, joints & paremens, pierre vergelée, ainſi des autres murs de cette nature, à proportion de leur épaiſſeur.

Pierre Saint-Leu, au cube en mur.

Dans une toiſe cube, même valeur de pierre brute en œuvre qu'au vergelé, à 3 liv. 12 ſous 6 deniers le pouce.

En mur de 18 pouces d'épaiſſeur, à 3 l. 12 ſ. 6 d. le pouce d'épaiſſeur, valent.	65 l.	5 ſ.	″ d.
Deux toiſes ſuperficielles de taille de paremens, à 3 livres la toiſe, & 3 toiſes ſuperficielles de taille de lits & joints à 1 livre 10 ſols la toiſe, valent	10	1	″
Le dixieme pour l'appareil & ragrément, vaut.	1	10	″
Le dixieme de bénéfice dû à l'Entrepreneur ſur la taille, appareil & ragrément, vaut.	1	3	″
Valeur en réglement.	77 l.	19 ſ.	″ d.

Chaque pouce d'épaiſſeur vaut. .... 4 l. 6 ſ. 6 d.

Un Tailleur de pierre taille chaque journée trente-ſix pieds de ſurface de lits, joints & paremens de Saint-Leu.

Toutes autres pierres que celles déſignées ci-deſſus,

en grès ou autres, qui se trouveront dans les différentes provinces, seront détaillées comme dessus, & estimées en plus comme en moins, suivant leur qualité.

Maniere de détailler la gresserie, toujours sur le même principe ci-dessus dit, de la pierre.

SAVOIR;

Le cube du grès, compris un sixieme pour le déchet; de même que la pierre, suivant le prix dans les différentes contrées, compris le transport à sa destination.

La taille ou pique de grès de la bonne qualité ordinaire, suivant la nature de l'ouvrage.

Pour des carreaux, dalles, marches, & ouvrages de cette nature, la toise courante de pique ou taille de parement vu vaut 2 livres, & la toise superficielle vaut	12l.	″s.	″d.
La taille ou pique des joints & lits, la toise courante, vaut 20 sols moitié moins que le parement, étant fait avec moins de sujétion, la toise superficielle vaut . .	6	″	″
Dans une toise superficielle de dalles, une toise de parement vu vaut, audit prix,	12	″	″
Une toise superficielle de taille de joints, audit prix, vaut	6	″	″
Le dixieme de la dépense de cette taille, pour l'appareil, vaut	1	16	″
Le dixieme d'icelle dépense, pour le bénéfice dû à l'Entrepreneur, vaut . .	1	19	6
Réglement.	21l.	15s.	6d.

C'est chaque toise courante de taille de cette nature. . . . . 3 l. 12 s. 6 d.

Taille

Taille en bâtimens, en murs de dix-huit pouces d'épaiſſeur, faite plus proprement que la précédente.

Chaque toiſe courante de parement vu vaut 3 livres ; les ſix toiſes courantes dans celle ſuperficielle valent, pour un parement, 18 livres, les deux paremens enſemble	36 l. 〃 ſ. 〃 d.
Dans une toiſe ſuperficielle de mur de cette épaiſſeur, il y a trois toiſes ſuperficielles de pique ou taille de lits & joints, développement fait en proportionnel, à 9 livres la toiſe ſuperficielle, moitié de la valeur du parement, valent . . .	27 〃 〃
Deux toiſes ſuperficielles de ragrément de ces deux paremens faits à la boucharde ou pique fine, à 9 livres la toiſe ſuperficielle, prix du tâcheron, valent	18 〃 〃
Un dixieme de dépenſe pour l'appareil des 63 livres de taille ou pique des paremens, lits & joints, vaut	6 6 〃
Dépenſe chaque toiſe de ces murs .	87 l. 6 ſ. 〃 d.
Le dixieme de bénéfice dû à l'Entrepreneur vaut	8 14 6
Réglement chaque toiſe pour taille .	96 l. 〃 ſ. 6 d.
Dans une toiſe ſuperficielle de ces murs, il y a douze toiſes courantes de taille ou pique de paremens vus ; chaque toiſe courante de ſix pieds ſur douze pouces vaut, ...	8 l. 〃 ſ. 〃 d.

Toutes moulures droite & circulaire, ainſi que les paremens, ſe meſurent ſur le même principe développé ci-deſſus pour la pierre.

Les entailles en grès ſeront eſtimées à proportion de la difficulté, ſans avoir égard aux détails de la pierre: en conſidérant que le grès ne décharge point au poinçon ou pique, comme la pierre, il le faut quadrupler: ſi une entaille en pierre vaut 20 ſols, celle en grès vaut 4 liv. étant obligé de faire forger les outils continuellement.

Les entailles non ordinaires en pierre ſeront toiſées en cube, & ſeront eſtimées à proportion de la qualité de la pierre.

En pierre dure ordinaire, 40 ſols le pied cube, compris l'enlévement des gravois aux champs, le tout ſuivant la difficulté.

Détail de la valeur des murs en moilons & plâtre.

SAVOIR;

Chaque toiſe cube de moilon brut coûte, rendu aux atteliers de Paris, la ſomme de.	48 l. // ſ. // d.
La façon de chaque toiſe cube non ravalée, à rez-de-chauſſée, vaut	12 // //
Pour fixer la quantité de plâtre pour l'hourdi d'une toiſe cube de mur, le moilon ſuppoſé de ſix pouces d'épaiſſeur, il faut douze lits de plâtre d'un pouce d'épaiſſeur, ſavoir; ſix lignes d'épaiſſeur pour les lits, & ſix lignes pour les joints, montans & garnis dans l'épaiſſeur, enſemble un pouce, produit trente-	
	60 l. // ſ. // d.

Ci-contre.	60 l. // ſ. // d.
ſix pieds cubes de plâtre, ou cinquante-quatre ſacs, à 6 ſols le ſac, valent. . . .	16 4 //
Dépenſe chaque toiſe cube brute en œuvre.	76 l. 4 ſ. // d.
Le dixieme de bénéfice dû à l'Entrepreneur vaut.	7 12 5
Valeur en réglement.	83 l. 16 ſ. 5 d.

Chaque pouce d'épaiſſeur vaut. 1 l. 3 ſ. 4 d.

Détail pour fixer la valeur de chaque toiſe ſuperficielle de mur de cette nature, de dix-huit pouces d'épaiſſeur ravalé en plâtre.

SAVOIR;

Les dix-huit pouces d'épaiſſeur brute non ravalés en œuvre, à 1 livre 3 ſols 4 deniers le pouce d'épaiſſeur, valent . . .	21 l. // ſ. // d.
Pour la plus valeur de l'entreligne des deux paremens (1), non compris à la toiſe cube, à raiſon de 5 ſols chaque toiſe ſuperficielle, valent.	// 10 //
Deux toiſes ſuperficielles d'enduit pour les deux paremens valent 5 livres 7 ſols, ainſi qu'il ſera détaillé aux légers ouvrages ci-après, ci.	5 7 //
	26 l. 17 ſ. // d.

(1). Le terme d'entreligne ſe comprend, 1°. pour la fourniture des lignes pour élever la maçonnerie entre icelles, ſuivant le fruit fixé, 2°. pour le ſcellement des broches, pour y repérer & attacher ces lignes.

De l'autre part.	26 l. 17 ſ. 〃 d.
Pour la fourniture des échafauds, cordages, civieres, brouettes, cribles, ſacs, ſceaux, & autres uſtenſiles, chaque toiſe vaut	〃 15 〃
Pour la ſurveillance d'un Commis pour la conduite des Ouvriers, chaque toiſe cube vaut 20 ſols, & pour un mur de dix-huit pouces.	〃 5 〃
Valeur en réglement chaque toiſe...	27 l. 17 ſ. 〃 d.

Chaque pouce d'épaiſſeur vaut. . . . . 1 l. 11 ſ. 〃 d.

Un Limoſin & ſon aide feront chaque journée une toiſe ſuperficielle de mur de dix-huit pouces d'épaiſſeur, non ravalé, en élévation & fondation. Il eſt de la prudence de l'Architecte d'y avoir égard, en obſervant toutefois la difficulté du ſervice tant en plus qu'en moins, ainſi qu'il en ſera parlé par un détail particulier ci-après.

Autre détail pour un mur de trente-ſix pouces d'épaiſſeur en moilon brut, non ravalé.

SAVOIR;

Les trente-ſix pouces d'épaiſſeur brute en œuvre, non ravalés, à 1 l. 3 ſ. 4 d. le pouce d'épaiſſeur, valent.	42 l. 〃 ſ. 〃 d.
Pour l'entreligne des deux paremens.	〃 10 〃
Deux toiſes ſuperficielles d'enduit comme deſſus.	5 7 〃
	47 l. 17 ſ. 〃 d.

Ci-contre.	47 l. 17 ſ. ″ d.
Pour les échafauds & autres uſtenſiles comme deſſus.	″ l. 15 ſ. ″ d.
Pour la ſurveillance du Commis à la conduite des Ouvriers.	″ 10 ″
Valeur chaque toiſe en réglement. . . .	49 l. 2 ſ. ″ d.

Chaque pouce d'épaiſſeur vaut . . . . 1 l. 7 ſ. 3 d. $\frac{1}{3}$.

Autre détail pour un mur de cette nature, de douze pouces d'épaiſſeur, ravalé en plâtre.

SAVOIR;

Les douze pouces d'épaiſſeur intrinſeque, en moilon brut, non compris enduit, à 1 l. 3 ſ. 4 d. le pouce d'épaiſſeur, valent.	14 l. ″ ſ. ″ d.
L'entreligne des deux paremens en plus valeur vaut.	″ 10 ″
L'enduit des deux paremens comme deſſus vaut.	5 7 ″
Les échafauds & autres uſtenſiles valent.	″ 15 ″
Pour le Commis à la conduite des Ouvriers.	″ 3 8
Valeur en réglement chaque toiſe. . .	20 l. 15 ſ. 8 d.

Chaque pouce d'épaiſſeur vaut. . . . . 1 l. 14 ſ. 8 d.

Observation pour apprécier la valeur de ces murs.

Comme les ravalemens sont mis à prix particulier, il ne faut point les comprendre dans l'épaisseur des murs.

EXEMPLE.

Un mur de dix-huit pouces ravalé ne doit être détaillé que de seize pouces & demi d'épaisseur en moilon brut, & les enduits pris à part, de neuf lignes d'épaisseur chaque côté; & suivant le détail ci-dessus, les enduits sont appréciés de neuf lignes d'epaisseur, eu égard au déchet du gobetage, & enduit au sac jeté au balai.

Chaque pouce d'épaisseur pour l'hourdi en plâtre desdits murs vaut. . . . . // l. 4 s. 6 d.

Autre détail pour mettre à prix l'hourdi d'une toise cube de moilon en chaux & sable.

SAVOIR;

Trente-six pieds cubes de sable valent.	4 l. // s. // d.
Six minots de chaux vive, à 1 liv. 3 s. le minot, valent.	6 18 //
Pour l'extinction de cette chaux. . . .	// 12 //
Dépense chaque toise cube en œuvre.	11 l. 10 s. // d.
Le dixieme de bénéfice dû à l'Entrepreneur vaut.	1 3 //
Valeur en réglement.	12 l. 13 s. // d.

Chaque pouce d'épaiſſeur pour l'hourdi des murs à chaux & ſable vaut. . . . . . „l. 3ſ. 6 d. $\frac{1}{6}$.

La toiſe cube de ceux hourdés en plâtre vaut. . . . . 16l. 4ſ. „d.

Et à chaux & ſable. . . . . 12 13 „

Ceux à chaux & ſable différent en moins de. . . . . 3 11 „

Moilon piqué en plus valeur des murs.

Suivant le détail ci-deſſus, au prix des matériaux, chaque toiſe ſuperficielle de taille moilon piqué eſt payée au Carrier. 10l. 13ſ. 4d.

Un ſixieme de bénéfice dû à l'Entrepreneur, y compris le déchet pour l'appareil de la fixation des hauteurs du moilon, vaut. . . . . 1 15 6 $\frac{4}{6}$.

Valeur en réglement chaque toiſe. . . 12l. 8ſ. 10d. $\frac{4}{6}$.

Le rejointement de ces moilons à chaux & ſable ou plâtre, chaque toiſe ſuperficielle vaut. . . . . 1 12 „

Moilon eſmiller.

Chaque toiſe ſuperficielle de taille eſmiller, moitié du prix ci-deſſus, vaut. 6l. 4ſ. 5d. $\frac{2}{6}$.

Tous ſcellemens de poteaux de charpente en terre, des barrieres, racineaux & autres, en moilon & plâtre, ou mortier de chaux & ſable, ſeront toiſés comme maçonnerie en cube brute non ravalée, ſuivant les prix ci-deſſus.

De même, la fouille des terres à ce néceſſaire, avec remblai à la toiſe cube, ſuivant les prix ci-après détaillés.

La maçonnerie en moilon & plâtre, ou mortier de chaux & ſable, de tout maſſif quelconque, ſera toiſée au cube brute en œuvre, non ravalée, ſuivant le détail aux murs ci-deſſus.

Obſervation pour apprécier la valeur des ſcellemens de ſolives, poutres, ſablieres, & autres en vieux murs, moilon & plâtre, leſquels ne doivent être réduits en léger, mais en murs en leur ſuperficie & épaiſſeur à un parement, les bois dans ces ſcellemens compenſés pour la démolition & enlévement des gravois aux champs.

SAVOIR;

Pour le ſcellement du bout d'une poutre, l'excavation à ce ſujet contient trois pieds ſur trois pieds & douze pouces d'épaiſſeur; en mur, moilon brut, non ravalé, neuf pieds de ſurface, à 1 livre 3 ſols 4 deniers le pouce d'épaiſſeur, vaut. . .	3 l. 10 ſ. // d.
L'enduit en plâtre, même ſurface, à 2 livres 13 ſols 6 deniers la toiſe, vaut . .	// 13 4
Valeur en réglement.	4 l. 3 ſ. 4 d.

De même que le ſcellement des ſolives & autres de cette nature en mur, réduit à dix-huit pouces carrés, & douze pouces d'épaiſſeur, vaut le quart du ſcellement de la ſuſdite poutre, de	1 l. // ſ. // d.

Détail pour apprécier le prix des murs en meuliere, supposés de quatre pouces d'epaisseur, hourdés en plâtre, non ravalés.

SAVOIR;

La toise cube vaut, rendue aux atteliers de Paris	48 l. // s. // d.
Il faut soixante-seize pieds cubes de plâtre pour l'hourdi d'une toise cube, ou cent-quatorze sacs, à 6 sols le sac, valent.	34 4 //
Façon de chaque toise cube pour un bâtiment de trente pieds d'élévation du rez-de-chaussée, savoir, 12 livres 5 sols à rez-de-chaussée, & 13 livres 17 sols 6 deniers à son sommet, ensemble 26 livres 2 sols 6 deniers, dont la moitié en moyenne proportionnelle, vaut, chaque toise cube	13 1 3
Dépense chaque toise cube	95 l. 5 s. 3 d.
Le dixieme de bénéfice dû à l'Entrepreneur vaut	9 10 6
Valeur en réglement	104 l. 15 s. 9 d.

Chaque pouce d'épaisseur non ravalé vaut . . . . 1 l. 9 s. 1 d. $\frac{7}{24}$.

Observation.

Cette meuliere emploie plus de plâtre que le moilon de Paris, étant difforme & remplie de cavité: il en faut, chaque lit de niveau & joint montant du garni, un pouce & demi d'épaiſſeur, & le moilon de Paris plus giſant n'en emploie qu'un pouce.

Détail pour un mur de dix-huit pouces d'épaiſſeur de cette nature, hourdé & ravalé en plâtre des deux côtés.

SAVOIR;

Les dix-huit pouces d'épaiſſeur non ravalés, à 1 livre 9 ſols le pouce d'épaiſſeur, valent.	26 l. 2 ſ. 〃 d.
Pour l'entreligne des deux paremens, comme deſſus	〃 10 〃
Pour les enduits des deux paremens, avec renformis, eu égard aux cavités, différent du moilon de Paris.	6 13 〃
Pour les échafauds & autres uſtenſiles comme deſſus	〃 15 〃
Pour le Commis à la conduite des Ouvriers	〃 5 〃
Valeur chaque toiſe en réglement . .	34 l. 5 ſ. 〃 d.

Chaque pouce d'épaiſſeur vaut, ... 1 l. 18 ſ. 〃 d. $\frac{2}{3}$.

Appréciation pour fixer le prix de façon de chaque toiſe cube de maçonnerie en moilon ou meuliere non ravalée, proportionnellement à l'élévation d'un bâtiment quelconque.

SAVOIR;

La façon de chaque toiſe cube à rez-de-chauſſée, 12 livres 5 ſols, ſavoir, 12 livres pour le Maçon & ſon aide à la conſtruction, & 5 ſols pour l'approche

du moilon pris environ à dix pieds de diſtance de ladite conſtruction, ci . . .	12 l. 5 ſ. // d.
Et ſur le cinquieme échafaud, à vingt-cinq pieds de hauteur du rez-de chauſſée, faiſant enſemble ſoixante pieds de marche, ſavoir, vingt-cinq pieds de hauteur pour monter à ce ſommet fixé, vingt-cinq pieds *idem* pour deſcendre, & dix pieds pour le tranſport à rez-de-chauſſée, enſemble comme deſſus, ſoixante pieds valent, pour tranſport, 1 livre 17 ſols 6 deniers, & 12 livres pour façon, enſemble chaque toiſe cube..	13 17 6
A rez-de-chauſſée 12 livres 5 ſols, & à ving-cinq pieds de hauteur 13 livres 17 ſols 6 deniers, enſemble 26 livres 2 ſols 6 deniers, dont la moitié, en moyenne proportionelle, vaut pour façon, chaque toiſe cube	13 1 3

Même proportion à garder pour toute élévation quelconque.

Ces prix ainſi fixés ſont pour de bons matériaux. Et ſi toutefois il arrivoit qu'on fît emploi de petits matériaux, des démolitions ou autres équivalens, alors ce ſera à l'Architecte connoiſſeur & prudent d'avoir égard au ſurplus du temps pour l'emploi, ainſi que de la conſommation du plâtre ou mortier pour l'hourdi.

Obſervation.

La plus valeur des échafauds n'eſt due que d'après cinq pieds en contre-haut du ſol du rez de-chauſſée, & ne l'eſt point en fondation, ſinon dans la hauteur des caves, de même d'après les cinq pieds du ſol, ainſi que les voûtes.

L'Entrepreneur intelligent ne doit point faire monter le moilon fur échafaud ou plancher par les Maçons & Limofins, étant l'ouvrage des Manœuvres de relais, afin d'éviter ou de modérer la dépenfe, & que le Maçon fervi par fon aide, fans interruption, faffe l'emploi des matériaux, fans quoi point d'accélération ni bénéfice s'il n'y a point de fupercherie. Il eft facile de fixer la quantité de Manœuvres de relais néceffaires pour toute manutention quelconque, d'après le détail ci-après.

SAVOIR;

La toife cube compofe deux cents foixante-dix hottées de moilons, & chaque hottée, un Manœuvre peut en porter les trois quarts d'un pied cube; conféquemment il faut fixer, à proportion du tranfport, la quantité que peut & doit porter ce Manœuvre, chaque jour de douze heures, & combien il eft néceffaire de Manœuvre de relais, fuivant la quantité de Maçons & Limofins en œuvre.

Le moilon fe jette à la main en la hauteur de cinq pieds du premier échafaud; un Manœuvre peut en approvifionner deux toifes cubes, ce qui occupera huit Maçons, qui feront chacun une toife fuperficielle de mur de dix-huit pouces d'épaiffeur. Ce deuxieme échafaud, de dix pieds de haut, contient trente pieds de marche, dix à monter, dix à defcendre, & dix d'éloignement à rez-de-chauffée, compenfant ces dix pieds derniers moitié moins pénible qu'à monter; pourquoi les vingt pieds à rez-de-chauffée ne font comptés que pour dix. C'eft 19 f. 9 den. la toife cube pour le tranfport en cette hauteur, démontré ci-après.

Démonftration.

La journée eft compofée de douze heures, fept cents

vingt minutes, & quarante-trois mille deux cents secondes : à chaque pied de marche pour monter à l'échelle, sont employées quatre secondes, & de niveau au rez-de-chaussée moitié moins ; à dix pieds de hauteur, chaque hottée emploie cent vingt secondes de temps pour les trente pieds de marche à charge ; c'est trois cents soixante hottées de moilon qu'un Manœuvre doit transporter chaque jour en cette hauteur, & qui font une toise un tiers cube, meuliere, ce qui peut occuper chaque jour cinq Maçons, qui mettront à exécution chacun une toise superficielle de mur de dix-huit pouces d'épaisseur. L'excédent du moilon non en œuvre de ce transport est compensé pour celui qui tombe de cet échafaud, & qu'il faut remonter, ce que l'on ne peut éviter.

Et sur le cinquieme échafaud, comme dessus dit, à vingt-cinq pieds de hauteur du rez-de-chaussée, faisant soixante pieds de marche, chaque hottée emploie, à quatre secondes chacun pied, deux cents quarante secondes ; c'est cent quatre-vingt hottées qu'un Manœuvre transportera chaque jour en cette hauteur, ou les deux tiers d'une toise cube, & occupera chaque jour deux Maçons pour l'emploi. Même égard que dessus pour le moilon qui pourra tomber, & qu'il faudra remonter.

Cette appréciation devient générale pour toute hauteur quelconque.

L'on paie à un Manœuvre 25 sols chaque jour ; ces deux tiers de toise cube coûtent 25 sols de manutention pour l'approche à pied d'œuvre en cette hauteur, conséquemment la toise cube vaut 37 s. 6 d. d'approche : or, il est donc démontré clairement qu'il y a plus d'avantage de faire approcher les matériaux par des Manœuvres de relais que par des Maçons ou Limosins.

En cette hauteur, la manutention, chaque toise cube, vaut 37 s. 6 d., & à rez-de-chaussée 5 sols, ensemble

42 sols 6 den., c'est en moyenne proportionnelle 21 s. 3 den. chaque toise cube.

Observation.

Si toutefois ces murs étoient hourdés à chaux & sable, sera compté le cube du sable, ainsi que du plâtre démontré ci-dessus, & un tiers de chaux éteinte ne faisant que le sixieme de chaux vive.

Le cube de la chaux dans le sable n'est compté pour rien dans le cube de la maçonnerie, n'étant que pour la consolidation du sable sans aucune augmentation au solide.

EXEMPLE.

Dans une toise cube de meuliere, il faut à Paris, pour l'hourdi, soixante-seize pieds cubes de sable, à 2 sols 3 deniers le pied cube, valent.	8l. 11s. // d.
Treize minots de chaux vive, à vingt-trois sols le minot, valent.	14 19 //
Dépense chaque toise cube.	23l. 10s. // d.
Le dixieme de bénéfice dû à l'Entrepreneur vaut.	2 7 //
Valeur en réglement.	25l. 17s. // d.

Chaque pouce d'épaisseur pour l'hourdi à chaux & sable vaut. . . . . // l. 2 s. 5 d.

Les ravalemens quelconques seront demandés, ainsi que dessus, suivant leur nature, échafaud, entreligne, &c.

Détail pour toiser la maçonnerie en moilon & plâtre d'une voûte de cave, ou autres en plein cintre.

Il faut mesurer la longueur de la voûte entre les deux pignons, sur la largeur entre les deux murs portant la voûte, & hauteur depuis sa naissance jusques sur l'extrados, ce qui produit un cube; à déduire le vuide intérieur, le surplus est le cube total de la maçonnerie de cette voûte, suivant le prix ci-devant détaillé en mur moilon; ensuite prendre la superficie intérieure ou l'extention d'icelle, pour apprécier les toises superficielles de rejointciement ou enduits à face & demie, différent d'un mur ordinaire, étant cintrée & plus de sujétion, ainsi que le moilon piqué, entreligne, échafaud, &c.

EXEMPLE.

Ladite voûte supposée de dix-huit pieds de long sur dix pieds de large, & six pieds six pouces de hauteur, depuis sa naissance jusques sur l'extrados, produit en cube cinq toises, deux pieds six pouces à déduire pour le vuide intérieur de cette voûte, de dix-huit pieds de long sur cinq pieds de demi diametre, produit en cube trois toises un pied sept pouces six lignes; après cette déduction, le surplus est le cube intrinseque, en œuvre de cette voûte, de deux toises dix pouces six lignes, à 83 livres 16 sols 5 deniers la toise cube non ravalée, valent la somme de. . . . . 179l. 17s. 3d.

Le renformis & crépis sur cette voûte, de dix-huit pouces de long sur quinze

De l'autre part.	179l. 17ſ. 3d.
pieds neuf pouces de circonférence, produiſent en ſurface ſept toiſes & demie treize pouces ſix lignes, à 4 livres 8 ſols 6 deniers la toiſe ſuperficielle, même égard que deſſus, valent.	34 17 ״
Pour l'entreligne de ces ſept toiſes & demie, treize pieds ſix pouces ſuperficiels de paremens vus, à 10 ſols la toiſe, double des murs à-plomb, valent. . . .	3 18 9
Pour la fourniture des échaufauds & autres uſtenſiles contenus en la ſuperficie, plane priſe entre les murs, de cinq toiſes de ſurface, à 15 ſols la toiſe, valent. .	3 15 ״
Pour la ſurveillance du Commis à la conduite des ſept toiſes & demie, treize pieds ſix pouces ſuperficiels de voûte, à 5 ſols la toiſe, valent.	1 19 4
Valeur en réglement de cette voûte.	224l. 7 ſ. 4d.

Pour conſtruire toutes voûtes en moilon & plâtre de cette longueur, il ne faut que deux cintres, un à chaque extrémité, ſans aucuns couchis entre iceux, ſur leſquels ſe poſe un chevron à chaque rang de moilon pour maçonner ladite voûte, lequel ſert pour toute la voûte, le calant de hauteur aux deux bouts & étréſillonné dans le milieu, ſuivant l'alignement pris avec un cordeau ou ligne, leſquels cintres ſeront détaillés en la charpente ci-après.

Et ſi toutes ces voûtes étoient hourdées en mortier de chaux & ſable, il ſera à propos qu'il y ait trois cintres avec

avec couchis ſur iceux, obſervant que le mortier ne ſe conſolide pas lors de l'emploi, comme fait le plâtre.

Et ſi ces voûtes étoient en moilon piqué ou eſmiller, il en ſera demandé la ſuperficie en plus valeur de la voûte, ſuivant leur nature, au prix ci-devant fixé.

Et au lieu de renformis & crépis, comme deſſus le rejointoiement.

Détail pour toiſer une voûte d'arrête au cube, maçonnerie en moilon & plâtre, ſuivant la figure R, *ſon plan, &* S, *l'extention du quart de cette voûte.*

SAVOIR;

La voûte ſuppoſée ſur un plan carré, il faut meſurer la longueur & largeur entre les murs ſur ſa hauteur depuis ſa naiſſance juſques ſur l'extrados, cela produira un cube, à déduire le vuide intérieur des quatre lunettes, le ſurplus ſera le cube de la maçonnerie.

EXEMPLE.

Une voûte d'arrête de douze pieds ſur douze pieds entre les murs, & ſept pieds & demi de hauteur depuis ſa naiſſance juſques ſur l'extrados, ayant ſix pieds de plein cintré, & dix-huit pouces d'épaiſſeur de voûte, produit en cube cinq toiſes, à déduire, pour le vuide de deux lunettes priſes entre les deux murs de pignons, douze pieds de long ſur ſix pieds de demi-diametre, comme un berceau ordinaire, & pour les deux autres lunettes d'embranchement des deux autres pignons, enſemble quatre pieds ſix pouces de long réduits ſur même demi-diametre, produiſent enſemble, en cube pris géométriquement, quatre toiſes deux pieds un pouce neuf lignes: après ces déductions, le ſurplus de la ma-

F

çonnerie de cette voûte produit en cube trois pieds dix pouces trois lignes.

Il faut développer l'extention d'icelle pour l'entreligne de cette voûte.

Même ſuperficie pour la plus valeur de la taille du moilon piqué ou eſmiller, crépis ou rejointoiement, ſuivant les prix ci-devant détaillés.

L'échafaud, comme deſſus.

Outre le détail ci-deſſus, ſeront accordés à l'Entrepreneur, en plus valeur, les arrêtes des arrêtiers cinglés en leur circonférence, pour pied courant de maçonnerie à façon & cube, moilon ſeulement, le plâtre étant compris au cube ci-deſſus, eu égard au déchet, & double temps de l'ouvrier à ajouter au cube de la ſuſdite voûte.

Les cintres, comme deſſus, regardent le Charpentier; il en ſera fait ſix, ſavoir, quatre aux quatre murs de pignons, & deux d'angles en angles pour les arrêtiers.

Détail pour apprécier le toiſé du cube d'une voûte en arc de cloître, maçonnerie idem *en moilon & plâtre, ſuivant la figure* T *& la figure* V, *pour l'extention d'un quart de cette voûte.*

SAVOIR;

Ladite voûte, ſuivant le plan & élévation de la précédente, produit en cube maçonnerie cinq toiſes, à déduire pour le vuide intérieur d'icelle douze pieds de long ſur ſix pieds de demi-diametre, comme un berceau ordinaire, le vuide, moins conſidérable qu'à la précédente, eſt de trois toiſes dix pouces quatre lignes cubes: après cette déduction, le ſurplus de la maçonnerie du cube de cette voûte produit une toiſe cinq pieds un pouce huit lignes.

Pour l'entreligne, il faut développer *idem* l'extention de cette voûte.

Même ſuperficie pour la plus valeur du moilon piqué, &c. *idem* à la précédente.

Développement d'une voûte en arc de cloître pour cube & ſurface pour l'extenſion, ſuivant la figure T *pour le cube, & celle* V *pour l'extenſion.*

Maniere de toiſer l'extenſion de cette voûte développee ſuivant la figure V, *repréſentant une parabole.*

Il faut multiplier la baſe par les deux tiers de la perpendiculaire, ou multiplier cette même baſe par ladite perpendiculaire, & du produit en ôter le tiers.

EXEMPLE.

12 p. de baſe.		12 p. de baſe.
6 p. 4 p.	deux tiers de la perpendiculaire.	9 p. 6 p. perpend.
72.		108.
4.		6.
76. p.	ſurface de cette parabole.	114.
		38. à déduire.
		76. p. ſurface égale.

Et pour avoir l'extention totale de cette voûte, additionner les quatre paraboles; elles produiront enſemble trois cents quatre pieds de ſurface.

Détail pour apprécier des murs en plâtras, hourdés & ravalés en plâtre.

SAVOIR:

La toiſe cube de plâtras coûte à l'Entrepreneur, rendue à ſon attelier, la ſomme de 24 livres, ſavoir; pour une toiſe cube, huit tombereaux, à 20 ſols chacun d'acquiſition au profit des conducteurs d'atteliers, valent 8 livres, & 16 livres pour le charroi des huit tombereaux, à 40 ſols chacun, valent enſemble la ſomme de. 24 l. // ſ. // d.

Pour la façon d'une toiſe cube de plâtras en œuvre non ravalés, 18 livres, moitié de plus que le moilon de Paris, eu égard à la foible épaiſſeur, ci. . . . . 18 // //

En ſuppoſant les plâtras de trois pouces d'épaiſſeur, compenſation faite, il ſe trouve dans une toiſe cube vingt-trois lits de plâtre d'un pouce d'épaiſſeur, compris les joints montans, c'eſt à raiſon de trois pieds cubes de plâtre chaque lit, enſemble ſoixante-neuf pieds cubes ou cent trois ſacs de plâtre, à 6 ſols le ſac, valent. . . . . 30 18 //

Dépenſe. . . . . 72 l. 18 ſ. // d.

Le dixieme de bénéfice dû à l'Enpreneur vaut. . . . . : . 7 5 9

Valeur en réglement. . . . . 80 l. 3 ſ. 9 d.

Chaque pouce d'épaiſſeur de ces murs non ravalés vaut. . . . 1 l. 2 ſ. 3 d. $\frac{7}{24}$.

Détail de la valeur d'une toiſe ſuperficielle de mur de dix-huit pouces d'épaiſſeur, hourdé & ravalé en plâtre.

SAVOIR;

Les dix-huit pouces d'épaiſſeur non

ravalés, à 1 livre 2 fols 3 deniers le pouce d'épaiffeur, fuivant le détail ci-deffus, valent.	20 l. " f. 6 d.
Pour l'entreligne des deux paremens comme deffus, vaut.	" 10 "
Deux toifes fuperficielles d'enduit, eftimées à 5 livres 8 fols (ce prix fera démontré ci-après au léger ouvrage) ci. .	5 8 "
Pour les échafauds & autres uftenfiles.	" 15 "
Pour la furveillance d'un Commis à la conduite des Ouvriers, chaque toife. . .	" 5 "
Valeur en réglement.	26 l. 18 f. 6 d.

Chaque pouce d'épaiffeur vaut. . . . . 1 l. 9 f. 11 d.

Suivant ce détail, les murs en pâltras font & doivent être payés auffi chers que ceux en moilon; mais il ne faudroit pas en employer, fi ce n'étoit toutefois pour éviter la furcharge en fur-élévation ou remploi de ceux qui feroient provenus de la démolition d'un bâtiment fur l'emplacement de quelques reconftructions. Il n'y a point d'économie d'en faire acquifition, le moilon fera toujours préférable s'il n'y a obligation par la furcharge comme eft deffus dit.

Obfervation concernant tous les murs en moilon & plâtre.

Comme les enduits font mis à prix particulier, il ne faut compter l'épaiffeur des murs qu'intrinfeque, c'eft-à-dire, déduction faite de dix-huit lignes d'épaiffeur pour les enduits des deux paremens, de façon qu'un mur de dix-huit pouces ravalé ne doit être compté que de feize pouces & demi.

Lorfque ces murs feront faits à façon feulement, tant

pierre que moilon, le détail ci-après va le démontrer.

EXEMPLE.

Pour une toiſe cube de poſe en pierre quelconque, le détail ci-deſſus fixe pour poſe 6 ſols le pied cube; les deux cents ſeize pieds à la toiſe audit prix valent 64 livres 16 ſols, ſur laquelle ſomme il faut déduire 5 livres 8 ſols pour le plâtre fourni par le Propriétaire, & 5 livres 16 ſols 7 deniers pour chevre, gruau, cable, charriots & autres uſtenſiles, enſemble 11 livres 4 ſols 7 deniers chaque toiſe cube; après ces déductions, le ſurplus, pour poſe & bordage, vaut la ſomme de	53 l. 11 ſ. 5 d.
Le pouce d'épaiſſeur vaut 14 ſ. 10 d. $\frac{41}{72}$.	

Chaque pied cube vaut 5 ſous, toutefois qu'il y a de l'élévation comme deſſus dit.

Les tailles ſont ſuffiſamment détaillées ci-devant.

Les murs, moilon à facon ſeulement, n'exigent point d'autres détails que ceux ci-devant; mais pour en éviter la recherche au détail & donner plus de facilité, il va être fait celui ci-après.

SAVOIR;

Chaque toiſe cube de mur, moilon à façon, non ravalé, vaut.	12 l. ″ ſ. ″ d.
Le dixieme de bénéfice dû à l'Entrepreneur vaut.	1 4 ″
Valeur en réglement.	13 l. 4 ſ. ″ d.
Chaque pouce d'épaiſſeur vaut. 3 ſ. 8 d.	

Détail pour un mur de dix-huit pouces d'épaisseur, ravalé à façon.

SAVOIR;

Les dix-huit pouces d'épaisseur non ravalés, à 3 sols 8 deniers le pouce, valent.	3 l. 6 f. 〃d.
Pour la façon des enduits des deux paremens.	1 11 〃
Valeur en réglement, en fondation & élévation.	4 l. 17 f. 〃d.

Suivant le prix détaillé ci-dessus, le Propriétaire doit mettre tous les matériaux à pied d'œuvre.

Mur de clôture.

Tout mur de clôture à façon vaut, chaque toise superficielle ravalée de dix-huit pouces d'épaisseur, 3 liv. 12 sous 9 den., ce qui fait un quart de moins que ceux en bâtimens, eu égard que le service en clôture est moins dispendieux par le peu d'élévation.

Observation.

Suivant le détail ci-dessus en mur de dix-huit pouces d'épaisseur ravalé en bâtimens, le prix de façon est de 4 liv. 17 s. la toise superficielle; c'est environ 5 sous 4 den. deux tiers le pouce d'épaisseur; mais ce prix ne peut être pour les murs de toute épaisseur, ainsi qu'il va être démontré ci-après.

Pour un mur de ſix pouces d'épaiſſeur.

SAVOIR;

La toiſe ſuperficielle de cette épaiſſeur produit une toiſe cube, & vaut pour façon non ravalée.	12 l. ″ ſ. ″ d.
Le dixieme de bénéfice de.	1 4 ″
Les enduits des deux paremens . .	1 11 ″
Réglement.	14 l. 15 ſ. ″ d.

Chaque pouce d'épaiſſeur vaut 4 ſ. 1 d. $\frac{1}{12}$.

La variété de ces prix provient des enduits : conſidérant que dans un mur de ſix pieds d'épaiſſeur il n'y a que deux paremens comme dans celui de dix-huit pouces, ces ſix pieds d'épaiſſeur contiennent quatre murs de dix-huit pouces, conſéquemment ſix paremens de moins, & ce qui fait la différence en prix de façon comme en fourniture.

Repréſentation.

Indépendamment des prix à façon détaillés ci-deſſus, il ſera accordé à l'Entrepreneur un ſol chaque parement de toiſe ſuperficielle en plus valeur, pour l'entreligne ou poſe & ſcellement d'icelle.

Autre détail à façon pour un mur de douze pouces ravalé.

La toiſe ſuperficielle non ravalée, pour façon, vaut.	2 l. ″ ſ. ″ d.
Le dixieme de bénéfice vaut. . . .	″ 4 ″
	2 l. 4 ſ. ″ d.

Ci-contre.	2 l. 4 f. ″ d.
Les enduits des deux paremens valent.	1 11 ″
L'entreligne des deux paremens vaut.	″ 2 ″
Réglement.	3 l. 17 f. ″ d.

Le pouce d'épaiſſeur vaut. 6 f. 5 d.

Détail pour mettre à prix la maçonnerie en moilon & plâtre, de dix-huit pouces dépaiſſeur, ravalée, pour l'ouverture d'une porte en vieux mur, compris démolition, enlévement des gravois & rétabliſſement des ruptures.

SAVOIR;

Pour le percement de cette porte, cuber la démolition avec enlévement des gravois aux champs ſuivant les prix fixés aux démolitions ci-deſſus; & ſi toutefois le moilon provenu de cette ouverture étoit bon, il faudroit le remettre en œuvre pour le rétabliſſement des ruptures; la maçonnerie pour lors ne deviendroit plus qu'à façon & fourniture de plâtre ſeulement.

EXEMPLE.

Suppoſé le vuide de la baie de porte de ſix pieds de haut ſur trois pieds de large, la démolition ſera de ſept pieds de haut, compris le reveſtement des linteaux, ſur cinq pieds de large, compris un pied de raccordement, chaque doſſeret produit en cube un pied cinq pouces ſix lignes à 16 livres 5 ſols la toiſe cube, compris l'enlévement aux champs, valent, en ſuppoſant le moilon provenu de la démolition de nulle valeur pour être remis en œuvre. . . . . 3l. 19ſ. ″d

La maçonnerie en moilon & plâtre à ce ſujet, pour le rétabliſſement de la rupture, de ſept pieds de haut ſur trois pieds de large & dix-huit pouces d'épaiſſeur, produit en ſurface trente-cinq pieds; à déduire pour le vuide de cette baie ſix pieds ſur trois pieds de large, le ſurplus produit dix-ſept pieds; à 27 livres 17 ſols la toiſe ſuperficielle ſuivant le détail précédent, valent. . . . . . . 13 3 ″

L'enduit intérieur des deux doſſerets & recouvrement des linteaux en plus valeur, enſemble quinze pieds de pourtour ſur dix-huit pouces de large, à deux toiſes pour une de léger en plafond, eu égard à la ſujétion du parement en moilon, produit onze pieds trois pouces, à 7 livres la toiſe, valent 2 3 9

La plus valeur en léger de la feuillure de cette porte, de quinze pieds de pourtour ſur ſix pouces réduits, une cueillie d'arrête *idem* pourtour, ſur trois pouces réduits, trois ſcellemens de gonds & gâches réduits en léger à trois pieds, produiſent enſemble en léger quatorze pieds trois pouces, à 7 livres la toiſe, prix du plafond, valent. 2 15 4

Valeur en réglement. . . . . 22l. 1ſ. 1d.

Et ſi toutefois le moilon provenu de la démolition ſe trouvoit bon pour faire ledit rétabliſſement, ſera déduit ſur le réglement ci-deſſus la ſomme de 4 livres

Ci-contre. . . . . 22l. 1f. 1d.

8 sols pour un douzieme de toise cube, compris le bénéfice accordé au prix ci-dessus, mais aussi ne sera-t-il accordé que moitié du cube de la démolition enlevée aux champs, l'autre moitié pour démolition seulement, ensemble 2 livres 5 sols, c'est de même à déduire celle de 1 livre 14 sols à ajouter avec les 4 livres 8 sols ci-dessus, ensemble la somme de 6 livres 2 sols à déduire, ci. . . . . 6 2 ″

Valeur en réglement. . . . . 15l. 19f. 1d.

Le carrelage qui sera fait dans l'embrasement de portes desdites ouvertures, sera demandé à part en plus valeur, suivant le prix détaillé ci-après.

Détail pour apprécier chaque toise cube de maçonnerie en brique de Bourgogne, hourdée & ravalée en plâtre ou à chaux & sable.

SAVOIR;

Le millier de briques rendu aux atteliers de Paris vaut 54 livres, savoir, 50 livres d'acquisition sur le port, & 4 livres de voiture, ci. . . . . 54l. ″ f. ″ d.

Chaque brique est de huit pouces de long sur quatre pouces de large & deux pouces d'épaisseur.

Pour une toise cube il faut six milliers de briques, compris cent soixante-huit pour le déchet occasionné par la casse, au susdit prix, valent la somme de. . . . . 324l. ″ f. ″ d.

De l'autre part.	3241. ″f. ″d.
Il faut six jours de Maçon & de son aide pour la construction d'une toise cube; le Maçon à 45 sols, & le Manœuvre à 25 sols, ensemble pour façon de chaque toise cube.	21 ″ ″
Dans une toise cube pour l'hourdi en plâtre il faut cinquante-deux sacs & demi de plâtre, à 6 sols le sac, valent. .	15 15 ″
Dépense chaque toise cube.	360l. 15f. ″d.
Le dixieme de bénéfice dû à l'Entrepreneur vaut.	36 1 6
Valeur en réglement, chaque toise cube. . . . . . . :	396l. 16f. 6d.

Chaque pouce d'épaisseur vaut, non ravalé. . . . . 5 l. 10 f. 3 d.

Chaque pied cube vaut 1 l. 16 f. 9 d.

Observation pour connoître la quantité de plâtre qui entre pour l'hourdi dans une toise cube.

Il y a trente-cinq lits fixés à quatre lignes d'épaisseur, compris les joints montans; c'est à raison d'un pied cube chacun, & trente-cinq pieds cubes à la toise, ou cent cinq boisseaux, ou cinquante-deux sacs & demi, comme dessus dit.

Détail pour un mur de dix-huit pouces d'épaisseur en brique, hourdé & ravalé en plâtre.

SAVOIR;

Les dix huit pouces d'épaisseur non ravalés, à 5 livres 10 sols 3 deniers le pouce d'épaisseur, valent. . . . . 99l. 4f. 6d.

Chaque toise superficielle d'enduit vaut 2 livres 19 sols, & pour les deux paremens. . . . . 5 18 "

L'entreligne des deux paremens comme dessus. " 10 "

Les échafauds. . . . . " 15 "

Pour la surveillance du Commis à la conduite des Ouvriers. . . . . " 5 "

Valeur en réglement, chaque toise. . 106l. 12f. 6d.

Chaque pouce d'épaisseur vaut . . . . 5l. 18f. 9d.

Et chaque brique, d'acquisition, vaut. . . . . "l. 1f. 1 d.

Autre détail pour une toise superficielle de languette de brique, de quatre pouces d'épaisseur, ravalée en plâtre.

SAVOIR;

Pour une toise superficielle, il faut trois cents vingt-quatre briques, à 1 sol 1 denier chacune, valent. . . . . 17l. 11f. "d.

Un Maçon & son aide font deux toises superficielles de languette non ravalée chaque jour, & font payés pour les deux 3 livres dix sols, c'est pour chaque toise. 1 15 "

Trois sacs de plâtre pour l'hourdi, à 6 sols le sac, valent. . . . . " 18 "

Deux toises superficielles d'enduit de 6 lignes d'épaisseur estimées chacune à 1 livre 9 sols 4 deniers les deux paremens, valent. 2 18 8

23l. 2f. 8d.

De l'autre part.	23l. 2ſ. 8d.
Le dixieme de bénéfice vaut. . . .	2 6 2
L'entreligne des deux paremens vaut.	〃 10 〃
Les échafauds, uſtenſiles néceſſaires, & conduite du Commis, valent. . . .	〃 15 8
Valeur en réglement chaque toiſe. .	26l. 14ſ. 6d.

Démonſtration détaillée de la toiſe de ces enduits ci-deſſus.

SAVOIR;

Il faut pour chaque toiſe ſuperficielle de ces enduits, deux ſacs & demi de plâtre, à 6 ſols le ſac, valent.	〃l. 15ſ. 〃d.
Un Maçon & ſon aide font chaque jour ſix toiſes & ſont payés 3 livres 10 ſols, pour les deux, c'eſt chaque toiſe, pour façon.	〃 11 8
Dépenſe pour une toiſe.	1 l. 6ſ. 8d.
Le dixieme de bénéfice.	〃 2 8
Réglement.	1 l. 9ſ. 4d.
Pour l'autre parement.	1 9 4
Egalité à la demande ci-deſſus. . . .	2 l. 18ſ. 8d.

Détail du prix des légers ouvrages en plâtre réduits à toiſe ſuperficielle chaque nature.

SAVOIR;

En plafond ſur lattis cloués jointifs.

Il faut pour chaque toiſe ſuperficielle,

fixée d'un pouce d'épaiſſeur, quatre ſacs & demi de plâtre, à ſix ſols le ſac, valent. 1l. 7ſ. ″d.

Un Maçon & ſon aide font chaque jour une toiſe & demie ſuperficielle de plafond, compris lattis, & ſont payés 3 livres 10 ſols pour les deux, c'eſt chaque toiſe. 2 6 8

Une botte & un quart de lattes de cœur de chêne, à 20 ſols la botte, valent. . 1 5 ″

Une livre & un quart de clous à 8 la livre, valent. . . . . ″ 10 ″

Dépenſe. . . . . 5l. 8ſ. 8d.

Le dixieme de bénéfice pour l'Entrepreneur vaut. . . . . ″ 10 10

Pour les échafauds & autres uſtenſiles, ainſi que l'enlévement des gravois aux champs provenus du gobetage & enduit au ſac, & ſurveillance du Commis à la conduite des Ouvriers, eſtimés à. . 1 ″ 6

Valeur chaque toiſe de plafond en réglement. . . . . 7l. ″ſ. ″d.

Cloiſons.

Les cloiſons creuſes, ſur un lattis cloué jointif, chaque côté même valeur que le plafond, les deux côtés valent enſemble 14 livres, faiſant deux toiſes ſuperficielles, ci. . . . . 14l. ″ſ. ″d.

Cloisons de poteaux, hourdées pleines en plâtras & plâtre, lattées à claire voie, & ravalées des deux côtés.

SAVOIR;

Pour chaque toise superficielle de ces cloisons, il faut quinze sacs de plâtre savoir, cinq pour l'hourdi entre les poteaux, & cinq à chaque côté pour le ravalement d'icelles, à 6 sols le sac, valent.	4l. 10f. // d.
Une botte de latte chaque toise superficielle, pour les deux côtés, estimée à. .	1 // //
Une livre de clous estimée à. . . .	// 8 //
Pour les échafauds & ustensiles à ce nécessaires, & surveillance du Commis.	1 10 //
Un Maçon & son aide font chaque jour une toise & demie de ces cloisons, & sont payés 3 livres 10 sols, c'est pour chaque toise.	2 6 8
Pour les plâtras fournis pour l'hourdi.	// 5 4
Dépense chaque toise.	10l. //f. //d.
Le dixieme de bénéfice dû à l'Entrepreneur vaut.	1 // //
Valeur en réglement.	11 l. //f. // d.

Cloisons hourdées pleines, enduites à bois apparens des des deux côtés.

SAVOIR;

Pour une toise, il faut huit sacs de de plâtre, dont cinq pour l'hourdi, &

trois

trois pour l'enduit des deux côtés, à 6 sols le sac, valent.	2l. 8s. // d.
Pour les plâtras fournis.	// 5 4
Un Maçon & son aide font trois toises superficielles de ces cloisons chaque jour, à trois livres 10 sols pour les deux, chaque toise vaut de façon.	1 3 4
Pour les échafauds & ustensiles, moins considérables qu'au précédent article, le Commis y compris.	1 // //
Dépense chaque toise.	4l. 16s. 8d.
Le dixieme de bénéfice dû à l'Entrepreneur vaut.	// 9 8
Valeur en réglement.	5l. 6s. 4d.

Observation.

Un Maçon & son aide font ordinairement chaque jour cinq toises superficielles de lattis, cloués jointifs, à 14 sols la toise, valent 3 livres dix sols, qui est le prix de leur journée, ci. . . . . 14 s. // d.

Planchers.

Il faut, chaque toise superficielle, pour un plancher hourdé, plein & plafonné dessous,

SAVOIR;

Cinq sacs de plâtre pour l'hourdi, à 6 sols le sac, valent.	1l. 10s. // d.
Cinq *idem* pour le plafond valent.	1 10 //
Une demi-botte de lattes vaut. . .	// 10 //
Une demi-livre de clous vaut. . .	// 8 //
La fourniture des plâtras pour l'hourdi entre les deux solives vaut. . . .	// 5 4
	4l. 3s. 4d.

De l'autre part.	4 l. 3 ſ. 4 d.
Pour les échafauds & uſtenſiles, ainſi que la ſurveillance du Commis, comme au plafond, ci.	1 〃 6
Même façon qu'au plafond, ci. . .	2 6 8
Dépenſe.	7 l. 10 ſ. 6 d.
Le dixieme de bénéfice de l'Entrepreneur vaut.	〃 15 〃
Valeur chaque toiſe en réglement. .	8 l. 5 ſ. 6 d.

Aires de plâtre ſur planchers, ſur bardeau.

Il faut, chaque toiſe ſuperficielle, pour une aire en plâtre pur de deux pouces d'épaiſſeur,

SAVOIR;

Neuf ſacs de plâtre, à 6 ſols le ſac, valent.	2 l. 14 ſ. 〃 d.
Une botte de lattes vaut.	1 〃 〃
Uſtenſiles de ſceaux & crible. . . .	〃 6 〃
Un Maçon & ſon aide en font trois toiſes ſuperficielles chaque jour, c'eſt pour chaque toiſe.	1 3 4
Dépenſe.	5 l. 3 ſ. 4 d.
Le dixieme dû à l'Entrepreneur vaut.	〃 10 4
Valeur, chaque toiſe en réglement. .	5 l. 13 ſ. 8 d.

Obſervation.

Si toutefois les lattes de ces aires ſont clouées jointives, il faut y ajouter un quart de botte de lattes de plus, qui fait. 〃 l. 5 〃

Ci-contre.	″l. 5ſ. ″d.
Une livre un quart de clous vaut. .	″l. 10ſ. ″d.
L'augmentation de façon de.	″ 7 ″
Dépenſe.	1l. 2 ″
Le dixieme, comme ci-deſſus, vaut.	″ 1 3
Réglement.	1l. 3 3

Entrevoux de planchers entre les ſolives.

SAVOIR;

Pour chaque toiſe ſuperficielle il faut trois ſacs de plâtre, à ſix ſols le ſac, valent.	″l. 18ſ. ″d.
Echafauds & uſtenſiles.	″ 15 ″
Un Compagnon & ſon aide feront ſix toiſes ſuperficielles chaque jour, c'eſt pour chaque toiſe.	″ 11 8
Dépenſe.	2l. 4ſ. 8d.
Le dixieme de bénéfice vaut.	″ 4 6
Valeur en réglement.	2l. 9ſ. 2d.

Obſervation.

Si les planchers ſont plafonnés, il faut déduire ſur la ſurface de l'aire la ſuperficie des bandes de trémies ou âtre de cheminée, n'étant que de la valeur du plafond; mais s'il n'y a que des entrevoux, il faut demander la plus valeur de l'aire & entrevoux.

EXEMPLE.

Si au lieu de plafond il y a des entrevoux, il faut faire la déduction ſuivante.

L'aire sur bardeau, la toise superficielle vaut.	5l. 13s. 8d.
Les entrevoux, la toise superficielle vaut.	2 9 2
Total.	8l. 2 10
La bande de trémie, comme plafond, la toise superficielle vaut.	7 " "
A déduire à chaque toise sur cette aire.	1l. 2s. 10d.

Chaque pied superficiel d'aire de cette nature, avec entrevoux, vaut. 4 s. 6 d. c'est à chaque toise superficielle un huitieme à déduire.

C'est donc un huitieme qu'il faut déduire sur la superficie de l'âtre seulement.

Recouvremens des poutres, linteaux & autres bois à toise superficielle.

Chaque toise superficielle vaut. . . .	4l. 17s. 11d.

Preuve détaillée.

SAVOIR;

Il faut, chaque toise superficielle, cinq sacs de plâtre, à 6 s. le sac, valent. . . .	1l. 10s. "d.
Une demi-botte de lattes.	" 10 "
Une demi-livre de clous.	" 4 "
Echafauds	" 10 "
Façon.	1 15 "
Dépense.	4l. 9s. "d.
Le dixieme de bénéfice de l'Entrepreneur vaut.	" 8 11
Valeur en réglement, chaque toise . .	4l. 17s. 11d.

Augets entre les ſolives, en plâtre ou lambourde, compris le ſcellement d'icelles.

SAVOIR;

Pour chaque toiſe ſuperficielle, il faut neuf ſacs de plâtre, à 6 ſ. le ſac, valent.	2l. 14ſ. 〃d.
Pour les plâtras fournis.	〃 6 〃
Un Maçon & ſon aide font chaque jour trois toiſes ſuperficielles d'ouvrage de cette nature, & ſont payés à 3 l. 10 ſ., c'eſt pour chaque toiſe.	1 3 4
Dépenſe chaque toiſe.	4l. 3ſ. 4d.
Le dixieme de bénéfice vaut. . . .	〃 8 4
Valeur en réglement.	4l. 11ſ. 8d.

Augets ſimples entre les ſolives pour empêcher de gercer les plafonds, faiſant étrezillons entre icelles.

SAVOIR;

Pour chaque toiſe, ſix ſacs de plâtre, à 6 ſous le ſac, valent.	1l. 16ſ. 〃d.
Un Maçon & ſon aide font chaque jour quatre toiſes & demie ſuperficielles de cet ouvrage, c'eſt pour chaque toiſe.	〃 15 6
Dépenſe.	2l. 11 6
Le dixieme de bénéfice vaut. . . .	〃 5 2
Valeur en réglement, chaque toiſe. .	2l. 16ſ. 8d.

Chauſſes d'aiſances.

Chaque toiſe de hauteur hourdée & ravalée en plâtre, avec la fourniture des pots, vaut,

SAVOIR;

Pour chaque toiſe, huit boiſſeaux ou

pots de terre vernissés, à sept sols chacun, valent. . . . . 2l. 16s. ″d.

Le dixieme de bénéfice vaut. . . . ″ 5 6

L'hourdi en plâtre au pourtour des pots ravalés, réduit à dix-huit pieds de surface, comme languette de cheminée, la pose des pots y compris, vaut. . . . 3 18 6

Valeur en réglement, chaque toise. 7l. ″s. ″d.

Chaque siege d'aisance, compris la fourniture des pots, hourdé & ravalé en plâtre, vaut, réduit en léger à dix-huit pieds, au prix fixé du plafond. . . . . . 3l. 10s. ″d.

La toise de hauteur de pots à ventouse, hourdée & ravalée en plâtre, réduite en léger *idem*, à dix-huit pieds comme plafond, vaut. 3l. 10s. ″ d.

Languettes de cheminées en plâtre, de trois pouces d'épaisseur (pigonnés à la main, en terme d'Ouvriers) & ravalées.

SAVOIR;

Treize sacs & demi de plâtre, à 6 sols le sac, valent. . . . . 4l. 1s. ″d.

Pour les échafauds, chaque toise estimée à . . . . ″ 15 ″

Un Compagnon & son aide font chaque jour une toise & demie superficielle, chaque toise fait. 2 6 8

Dépense, chaque toise. . . . . 7l. 2s. 8d.

Le dixieme de bénéfice vaut. . . . . ″ 14 4

Valeur en réglement. . . . . 7l. 17s. ″d.

Détail pour apprécier la valeur de chaque toise superficielle de lattis neuf, de cœur de chêne, cloué jointif en œuvre.

SAVOIR;

Pour une toise, il faut une botte & un quart de lattes, à 20 sols la botte, valent.	1 l. 5 s. " d.
Une livre un quart de clous, à 8 sols la livre, valent.	" 10 "
Un Maçon & son aide en font chaque jour cinq toises superficielles, c'est chaque toise.	" 14 "
Dépense.	2 l. 9 s. " d.
Le dixieme de bénéfice vaut. . . .	" 4 10
Réglement.	2 l. 13 s. 10 d.

Appréciation du prix des saillies d'architecture en plâtre, pour les entablemens, plinthes, corniches, chambranles, pilastres & bandeaux.

SAVOIR;

Pour mettre à exécution le profil d'entablement cotté A, de six pieds de profil.

Deux Maçons & leurs aides en feront en une journée vingt-quatre pieds de longueur sur six pieds de profil, produisant en léger quatre toises, à 6 liv. 4 sols 7 den. $\frac{1}{4}$ la toise, valent la somme de.	24 l. 18 s. 3 d.

Dépense à ce sujet.

La journée des deux Maçons & de leurs aides ensemble est payée.	7 l. " s. " d

De l'autre part.	7l. ″ſ. ″d.
Seront ſournis vingt-ſept pieds cubes de plâtre, ou quarante ſacs & demi, compenſant l'hourdi en plâtras ou moilon en encorbellement pour le déchet, à 6 ſols le ſac, valent.	12 3 ″
Pour les regles & calibres.	3 ″ ″
Pour la ſurveillance du Commis à la conduite des Ouvriers.	″ 10 ″
Dépenſe.	22l. 13ſ. ″d.
Le dixieme de bénéfice dû à l'Entrepreneur vaut.	2 5 3
Valeur en réglement.	24l. 18ſ. 3d.

Nota. Il n'eſt point parlé d'échafaud à ce ſujet, étant compris pour le ravalement; mais ſi toutefois il en étoit fait un de fond, il ſera eſtimé en plus valeur.

Tous retours qui ſeront faits à la main & non traînés au calibre ſeront demandés une ſeconde fois en plus valeur, ſuivant le profil, eu égard à la ſujétion, pour mémoire, ainſi des autres à proportion, ci. . *mémoire.*

Autre Profil.

L'entablement ſuivant le profil B, de vingt-quatre pieds de long ſur quatre pieds de profil, produit deux toiſes & demie ſix pouces de léger, à ſix livres onze ſols la toiſe, valent. . . . . 17l. 9ſ. 4d.

Détail à ce ſujet.

Les deux journées des Maçons & de

leurs aides, comme au précédent, valent.	7l. 〃f. 〃d.
Il faut dix-huit facs de plâtre, à fix fols le fac, valent.	5 8 〃
Regles & calibres comme deffus. . .	3 〃 〃
Surveillance des Commis.	〃 10 〃
Dépenfe.	15l. 18f. 〃
Le dixieme de bénéfice vaut. . . .	1 11 9
Réglement.	17l. 9f. 9d.

Autre profil fuivant la figure C.

Vingt-quatre pieds de longueur de ce profil fur deux pieds réduits, de faillie produifent une toife douze pouces de léger, à 6 livres 3 fols la toife, valent.	8l. 4f. 〃d.

Détail.

Un jour de Maçon & de fon aide vaut.	3l. 10f. 〃d.
Il faut neuf facs de plâtre, à 6 fols le fac, valent.	2 14 〃
Regles & calibres.	1 〃 〃
Surveillance des Commis.	〃 5 〃
Dépenfe.	7l. 9f. 〃d.
Le dixieme de bénéfice vaut. . . .	〃 15 〃
Réglement.	8l. 4f. 〃d.

Ces trois différens détails de faillies d'architecture, de plinthes & entablemens, contiennent enfemble huit toifes de léger, & ne valent que la fomme de.	50l. 12f. 〃d.

Ces huit toifes ainfi appréciées, chaque toiſe, compenſation faite, vaut la ſomme de 6 livres 6 ſols 6 deniers. Donc le prix de 7 livres la toiſe de léger ouvrage de cette nature, apprécié en ce que deſſus, eſt plus que ſuffiſant, ci pour *mémoire.*

Autre profil pour une corniche en plâtre dans un appartement.

SAVOIR;

La corniche, ſuivant le profil D, contient vingt-quatre pieds de long ſur ſix pieds de profil, produit en léger 4 toiſes, à 5 livres 2 ſols 10 deniers la toiſe, valent.	20l. 11ſ. 4d.

Détail.

Deux journées de Maçons & de leurs aides.	7l.	〃ſ.	〃d.
Vingt-ſept ſacs de plâtre fournis, à 6 ſols le ſac, valent.	8	2	〃
Regles & calibres.	3	〃	〃
Surveillance du Commis.	〃	12	〃
Dépenſe.	18l.	14ſ.	〃d.
Le dixieme de bénéfice.	1	17	6
Réglement.	20l.	11ſ.	6d.

Chaque toiſe de léger de ces corniches, ſuivant ce détail, vaut. 5 l. 2 ſ. 10d.

Obſervation.

Le cube du plâtre employé en la faillie de cette corniche, contenant trois pieds de pourtour de profil ſur trois pouces réduits d'épaiſſeur, produit en cube les vingt-ſept ſacs de plâtre contenus en ce que deſſus.

Même méthode pour toutes les ſaillies.

Et ſi ces corniches ſont moins diſpendieuſes que les précédentes ſaillies, ce n'eſt que la moindre ſurcharge ſur les nus qui en produit la différence.

Tous retours coupés à la main ſeront doublés en plus valeur de deux pieds chacun, comme deſſus dit.

Toute corniche ſera toiſée, ſon pourtour pris au milieu de ſa ſaillie en moyenne proportionnelle, & non au nud des murs, ainſi que les entablemens.

Les plafonds décorés de corniches ne doivent être meſurés que d'après la ſaillie d'icelles, & ſera accordé en plus valeur à l'Entrepreneur, le lattis cloué jointif en la ſaillie d'icelles corniches pour ſa valeur, ſuivant l'eſtimation ci-devant.

Autre détail pour apprécier des bandeaux ſaillans des croiſées, réduits à toiſe de léger.

Soixante-douze pieds de longueur de ces bandeaux ſur ſix pouces réduits, produiſent en léger une toiſe, à 6 livres 8 ſols 9 den. la toiſe, ſuivant qu'il va être détaillé, ci.	6 l. 8 ſ. 9 d.

SAVOIR;

Un Maçon & ſon aide feront chaque jour ſoixante-douze pieds de longueur de ces bandeaux, & ſont payés. . . .	3 l.	10 ſ.	″ d.
Fourni à ce ſujet ſept ſacs de plâtre, à 6 ſols le ſac, valent.	2	2	″
La ſurveillance du Commis.	″	5	″
Dépenſe.	5 l.	17 ſ.	″ d.
Le dixieme de bénéfice vaut.	″	11	9
Réglement.	6 l.	8 ſ.	9 d.

Développement.

Le cube du plâtre employé dans ces ſoixante-douze pieds de longueur de bandeaux, fixé de neuf pouces de large & un pouce de ſaillie, produiſent en ſuperficie cinquante-quatre pieds ; le douzieme pour ſon épaiſſeur produit en cube quatre pieds ſix pouces de plâtre, ou ſept ſacs comme deſſus.

Autre détail pour apprécier la ſaillie en plâtre d'un pilaſtre d'encoignure en ſurcharge ſur le nu du mur de face de deux pouces de ſaillie & vingt-quatre pouces de large.

Les uſages & coutumes accordent à l'Entrepreneur ſix pouces réduits de léger chaque pieds courant, & ſoixante-douze pieds de hauteur, eſtimé pour une toiſe de léger à 9 livres la toiſe. Le détail ci-après démontre que cette eſtimation n'eſt pas juſte.

EXEMPLE.

Chaque journée, un Maçon & ſon aide feront trente-ſix pieds de hauteur de ces pilaſtres, & ſont payés pour le temps à ce employé.	3l. 10ſ. 〃d.
Il faut douze pieds cubes de plâtre ou dix-huit ſacs de plâtre, à 6 ſols le ſac, valent.	5 8 〃
Surveillance du Commis.	〃 5 〃
Dépenſe.	9l. 3ſ. 〃 d.
Le dixieme de bénéfice.	〃 18 3
Réglement.	10l. 1ſ. 3d.

Chaque pied courant vaut 5 ſ. 7 d. $\frac{1}{12}$.

Il eſt de la bonne conſtruction, pour ériger ces pilaſtres, de les conſtruire en leurs ſaillies en moilon avec les murs, pour éviter la ſurcharge du plâtre, laquelle n'exiſte pas longtemps, ne pouvant ſe conſolider avec le mur ſans liaiſons; pour lors cette ſaillie en moilon eſt comptée avec le mur de ſon épaiſſeur, compris ſaillie. Etant ainſi conſtruit, il n'eſt dû à l'Entrepreneur que de ſix pouces réduits de léger, chaque pied courant en plus valeur du ravalement, à 7 livres la toiſe de trente-ſix pieds de léger.

Détail pour apprécier le prix d'une toiſe ſuperficielle de rocaille en meuliere, hourdée à chaux & ciment, laquelle s'emploie ordinairement à l'extérieur du bas des murs de face des bâtimens & autres (où la pierre eſt rare) pour éviter la dépenſe & empêcher les dégradations deſdits murs par le réjailliſſement de l'égout des eaux pluviales.

SAVOIR;

Cette rocaille n'a ordinairement que deux pouces d'épaiſſeur de meuliere; l'on fait choix de la meuliere la plus coquillée & ſpongieuſe, que l'on fait brûler au feu fait de fagots; après qu'elle eſt cuite, elle prend une couleur rouge, ſeche & encore plus ſpongieuſe; on la caſſe avec une maſſe en petits morceaux de deux pouces quarrés ou environ, ce qui cauſe un grand déchet; c'eſt pourquoi l'on eſtime, compris déchet, dans la ſuperficie de la toiſe, ſix pouces d'épaiſſeur de meuliere au prix de Paris, de 48 livres la toiſe cube, c'eſt 4 livres pour la meuliere en fourniture chaque toiſe ſuperficielle, ci. . . . . 4 l. // ſ. // d.

De l'autre part.	4 l. // f. // d.
Ce déchet, chaque toiſe ſuperficielle, produit douze pieds cubes de gravois enlevés aux champs, à 1 ſol le pied cube, vaut.	// 12 //
Pour le temps employé à triller la meuliere convenable, la faire cuire & la caſſer, chaque toiſe ſuperficielle vaut.	2 // //
Pour le bois fourni, chaque toiſe ſuperficielle vaut.	2 // //
Cette rocaille ſe poſe par lits, de niveau & en liaiſon; un Maçon & ſon aide n'en feront que douze pieds de ſurface chaque journée, à 3 livres 10 ſols pour les deux, c'eſt chaque toiſe ſuperficielle, pour façon.	10 10 //
Dans une toiſe ſuperficielle, il faut deux pouces réduits d'épaiſſeur de ciment pour l'hourdi & l'accottement au derriere, faiſant ſix pieds cubes ou dix-huit boiſſeaux, à 3 ſols le boiſſeau à Paris, valent.	2 14 //
Un minot de chaux vive vaut. . . .	1 4 //
Uſtenſiles, chaque toiſe eſtimée compris entrelignes.	// 10 //
Dépenſe	23 l. 10 ſ. // d.
Le dixieme de bénéfice.	2 7 //
Réglement chaque toiſe.	25 l. 17 ſ. // d.

S'il y a des ſcellemens d'ailerons de fer pour retenir cette rocaille, ils ſeront demandés en plus valeur, ſuivant leur nature de ſcellement. De même s'il eſt fait des incruſtemens pour le reveſtement de la rocaille, ils ſeront demandés *idem* en plus valeur.

Quand le bâtiment se fait à neuf, il faut observer, lors de la construction, le vuide nécessaire de l'incrustement pour le revestement de la rocaille ou dalles de pierre, de même pour les tables renfoncées, afin d'éviter les incrustemens après coup, qui occasionnent des ruptures & dégradations des murs, sujet d'insolidité.

Renformis & enduits sur vieux murs.

SAVOIR;

Un Maçon & son aide font chaque journée quatre toises & demie de surface pour le prix de 3 livres 10 sols, c'est chaque toise superficielle.	" l. 15 s. 6 d.
Pour les ustensiles & échafauds. . . .	" 10 "
Il faut cinq sacs de plâtre, à 6 sols le sac, valent.	1 10 "
Pour le temps employé à hacher les vieux enduits & enlever les gravois aux champs.	" 5 "
Dépense.	3 l. " s. 6 d.
Le dixieme de bénéfice vaut. . .	" 6 "
Valeur en réglement.	3 l. 6 s. 6 d.

Nota. Le prix de ces enduits est dû aux étages supérieurs & inférieurs.

1°. Aux étages inférieurs, eu égard à la dégradation profonde occasionnée par l'humidité & plâtre salpêtré.

2°. Aux étages supérieurs, de même, quoiqu'il y ait moins de dégradation, en considérant la difficulté du service. 1°. Pour monter le plâtre arrivant de la carriere. 2°. Après le plâtre coulé, descendre les gravois à rez-de-chaussée pour les battre. 3°. Les remonter à leurs destinations. Cette double manœuvre contraint d'avoir des garçons de relais en sus de ceux qui servent les Maçons, sans quoi les garçons ordinaires ne pourroient servir les Maçons en temps & lieu pour la prompte accélération, ainsi que l'approche de l'eau. Cette double manœuvre démontre clairement qu'il ne doit point y avoir de différence du bas en haut.

Ravalemens en plâtre sur vieux murs, à l'extérieur des murs de faces des bâtimens, avec échafauds faits de fond.

SAVOIR;

Il faut, chaque toise superficielle, cinq sacs de plâtre, à 6 sols le sac, valent. .	1l.	10s.	"d.
Façon *idem* que dessus.	"	15	6
Pour les échafauds faits de fond, estimés à 40 sols chaque toise superficielle, compris le scellement des boulins, écoperches, décellement d'iceux & bouchement des trous, ainsi que les cordages.	2	"	"
Pour le hachement des vieux enduits, saillies d'architecture & enlévement des gravois aux champs, chaque toise vaut.	"	6	"
Dépense chaque toise.	4l.	11s.	6d.
Le dixieme de bénéfice vaut.	"	9	2
Valeur en réglement.	5l.	"s.	8d.

Il faut, pour mettre à prix les échafauds de chaque toise, les planches, boulins, écoperches, lesquels produisent au toisé au moins deux pieces de bois, à 20 sols la piece, les scellemens, décellemens des boulins & cordages y compris.

Observation.

Si toutefois il se trouvoit des renformis non ordinaires pour redresser les

murs,

murs, ils feront demandés en plus valeur : en fuppofant ces renformis de trois pouces d'épaiffeur, c'eft chaque toife fuperficielle. . . . . 3 l. 19 f. 9 d.

EXEMPLE.

Un renformis de 3 pouces d'épaiffeur ne doit être confidéré que de deux pouces, le furplus compris au ravalement : il faut pour ces renformis, chaque toife fuperficielle, neuf facs & demi de plâtre, à fix fols le fac, valent. . . . . 2 l. 17 f. // d.

La façon de chaque toife.	// 15 6
Dépenfe	3 l. 12 f. 6 d.
Le dixieme de bénéfice.	// 7 3
Réglement.	3 l. 19 f. 9 d

Et toutes les fois que le renformis de cette nature fera compris au ravalement, chaque toife fuperficielle fera eftimée. . . . . 9 l. // f. // d.

Obfervation.

Si dans ces ravalemens ils fe faifoit des lancis de moilon, il en fera fait un détail particulier, où fera fixé leur épaiffeur, eftimée au prix ci-devant détaillé des murs.

Enfuite cuber les gravois provenus des incruftemens de ces lancis, à 12 liv. la toife cube, ci. . . . . 12 l. // f. // d.

Et même valeur pour l'enlévement des gravois aux champs, ci. . . . . . . 12 // //

Valeur en réglement, chaque toife cube. 24 l. // f. // d.

H

Rejointoiemens en plâtre.

SAVOIR;

Façon, chaque toise.	″ l. 7 s. 9 d.
Echafauds & autres ustensiles.	″ 10 ″
Deux sacs de plâtre.	″ 12 ″
Pour le temps employé aux dégradations & enlévement des gravois aux champs.	″ 2 3
Réglement, avec bénéfice y compris.	1 l. 12 s. ″ d

Rejointoiemens à chaux & ciment.

Façon, chaque toise étant repassée à plusieurs fois, pour éviter qu'ils ne gercent.	″ l. 12 s. ″ d.
Quatre boisseaux de ciment.	″ 12 ″
Un quart de minot de chaux.	″ 6 ″
Ustensiles.	″ 2 ″
Réglement, avec bénéfice comme dessus.	1 l. 12 s. ″ d.

Enduits & renformis à chaux & ciment, repassés à huit fois différentes, pour éviter qu'ils ne gercent.

SAVOIR;

Façon, chaque toise repassée à huit fois vaut.	2 l. 8 s. ″ d.
Dix boisseaux de ciment, à 3 sols, valent.	1 10 ″
Un minot de chaux vaut.	1 4 ″
Ustensiles.	″ 4 ″
Réglement, compris bénéfice.	5 l. 6 s. ″ d.

Crépis à chaux & ſable.

SAVOIR;

Façon.	// l.	6 ſ.	// d.
Sable.	//	4	//
Chaux.	//	12	//
Uſtenſiles.	//	2	//
Valeur en réglement.	1 l.	4 ſ.	// d.

Tableau pour apprécier chaque toiſe ſuperficielle de légers ouvrages, conforme aux differens détails ci-deſſus, de quelque nature qu'ils ſoient, ſans autre recherche.

SAVOIR;

Chaque toiſe ſuperficielle de plafond ſur un lattis cloué jointif vaut. . . .	7 l.	// ſ.	// d.
Chaque toiſe ſuperficielle de cloiſon ſourde, à lattes jointives ravalées des deux côtés.	14	//	//
Chaque toiſe ſuperficielle de cloiſon en poteaux, hourdées pleines en plâtras & plâtre, lattée à claire voie, & ravalée des deux côtés.	11	//	//
Chaque toiſe ſuperficielle de cloiſon hourdée pleine, enduite à bois apparens des deux côtés.	5	6	4
Chaque toiſe ſuperficielle de plancher hourdé plein, & plafonné deſſous, latté à claire voie.	8	5	6
Chaque toiſe d'aire de plâtre ſur plancher & ſur bardeau.	5	13	8
Chaque toiſe ſuperficielle d'entrevoux entre les ſolives.	2	9	2

Chaque toiſe ſuperficielle de recouvrement en plâtre, latté à claire voie ſur poutres, linteaux & autres bois, vaut. . 4l.17ſ.11d.

Chaque toiſe ſuperficielle d'augets, ou plâtras & plâtre aux planchers bas entre les lambourdes, pour recevoir le parquet, compris le ſcellement d'icelles. 4 11 8

Chaque toiſe ſuperficielle d'augets ſimples entre les ſolives des planchers, pour empêcher de gercer, les plafonds faiſant étrézillon. 2 16 8

Chaque toiſe de hauteur de chauſſe d'aiſance, avec fourniture des pots, hourdée & ravalée en plâtre. . . . . 7 " "

Chaque ſiege d'aiſance, fourniture du pot à deux, hourdé & ravalé, ſcellement & raccordement de la lunette. . 3 10 "

Chaque toiſe de hauteur de pots à ventouſe, hourdé & ravalé. . . . . 3 10 "

Chaque toiſe ſuperficielle de languettes de cheminée, hourdées ou pigeonnées, ravalées en plâtre. . . . . 7 17 "

Chaque toiſe ſuperficielle de lattis de cœur de chêne, cloué jointif en œuvre. 2 13 10

Chaque toiſe de renformis & enduits ſur vieux murs à l'intérieur vaut. . . . 3 6 6

Chaque toiſe de ravalement à l'extérieur des murs de face . . . . 5 " 8

Chaque toiſe de rejointoiemens en plâtre vaut. . . . . 1 12 "

Chaque toiſe de rejointoiemens à chaux & ciment. . . . . 1 12 "

Chaque toiſe de renformis & enduit à chaux & ciment. . . . . 5 6 "

Chaque toiſe de crépi à chaux & ſable vaut.	1 l. 4ſ. " d.

Carrelage en carreaux de terre cuite, à ſix pans

SAVOIR;

Le millier de grands carreaux de ſix pouces, provenans de Maſſy, rendu aux atteliers de Paris, vaut.	30 l. "ſ. "d.
Chaque millier fait ſix toiſes ſuperficielles, & vaut, chaque toiſe.	5 l. " ſ. "d.
Façon.	" 18 "
Il faut deux ſacs & demi de plâtre, à ſix ſols le ſac, pour la poſe d'une toiſe en plâtre pur, de ſix lignes réduit d'épaiſſeur, valent.	" 15 "
La fourniture des outils, ſceaux & cribles.	" 3 "
Dépenſe chaque toiſe.	6 l. 16ſ. "d.
Le dixieme de bénéfice.	" 13 6
Valeur en réglement.	7 l. 9ſ. 6 d.

Nota. La pouſſiere pour la forme eſt compriſe dans le prix à façon.

Obſervation.

Chaque carreau contient vingt-un pouces de pourtour, formant ſix triangles, ayant chacun trois pouces & demi de baſe ſur trois pouces de perpendiculaire, produit en ſuperficie trente-un pouces & demi; dans la toiſe il y en a cinq mille cent quatre-vingt-quatre pouces de ſuperficie, chaque toiſe ſuperficielle, il en faut cent ſoixante-ſept carreaux; le millier ne fait que six toises de superficie, comme ci-dessus dit.

Un habile Ouvrier-Compagnon Carreleur & son aide font à leur tâche, chaque journée, six toises superficielles, la forme y comprise, & à la journée quatre toises superficielles; le Compagnon est payé 50 sols par jour, le Manœuvre 22 sols, ensemble 3 livres 12 sols: donc les quatre toises, à 18 sols chacune, équivalent le prix de la journée.

Pose de vieux carreaux en plâtre pur.

SAVOIR;

Chaque toise pour façon vaut. . . .	″l. 18s. ″d.
Deux sacs & demi de plâtre, à 6 sols le sac, valent.	″ 15 ″
Pour la fourniture des outils & ustensiles.	″ 3 ″
Pour le temps employé au décrotage du carreau & démolition	″ 6 ″
Dépense chaque toise.	2l. 2s. ″d.
Le dixieme de bénéfice.	″ 4 3
Valeur en réglement	2l. 6s. 3d.

Petits carreaux neuf à six pans.

SAVOIR;

Le millier vaut, rendu aux atteliers de Paris, la somme de.	9l. 10s. ″d.
Chaque millier fait trois toises, réduit de surface, & la toise en fourniture vaut.	3l. 3s. 4d.
Façon.	″ 18 ″
Plâtre.	″ 15 ″
	4l. 16s. 4d.

Ci-contre.	4l. 16ſ. 4d.
Outils & uſtenſiles	// 3 //d.
Dépenſe chaque toiſe.	4l. 19ſ. 4d.
Le dixieme de bénéfice.	// 9 8
Valeur en réglement	5l. 9 ſ. //d.
Poſe & fourniture de chaque grand carreau neuf, à pans de ſix pouces en recherche, à la place de ceux uſés de vétuſté, valent	//l. 1ſ. 3d.
Idem, en petits carreaux neufs. . . .	// // 6
La poſe de chaque grand carreau vieux.	// // 6
Et de chaque petit	// // 3
Chaque grand carreau d'âtre, fourni & poſé en place.	// 2 //
Chaque carreau à bande, *idem*, fourni.	// 1 //

Détail apprécié du prix de chaque toiſe cube de fouille de terre ordinaire.

SAVOIR;

Chaque journée, un Piocheur & un Pelleur (Terraſſiers) fouillent & déblayent une toiſe deux cinquemes cube de terre ordinaire de niveau, ou juſqu'à ſix pieds de profondeur, & ſont payés chaque jour, pour les deux, 2 livres 16 ſols, c'eſt conſéquemment chaque toiſe cube de dépenſe	2l. //ſ. //d.
Le dixieme de bénéfice	// 4 //
Réglement.	2l. 4ſ. //d.

Chaque relais de dix toiſes de portée commune à la brouette ou hotte, chaque toiſe cube vaut . . . . // l. 4ſ. // d.

[illegible] de bénéfice dû à l'Entrepreneur, y compris la fourniture des brouettes & autres uſtenſiles néceſſaires. . . . . // 1 //

Chaque relais d'une toiſe cube vaut. // l. 5ſ. // d.

Chaque toiſe cube de régalage vaut . // 4 //
Le dixieme de bénéfice. . . . . . . // // 5

Réglement. . . . . // 4 5

Pour faire des rampes, glacis & autres formes en terre jectiſſe, il faut battre les terres par lit, de niveau de pied en pied, pour les conſolider, ſans quoi elles n'exiſteroient point ſans déprédation & affaiſſement continuel : chaque toiſe cube vaut, comme le régalage . . . . . . // l. 4ſ. 5 d.

L'applaniſſement de ces terres, ſuivant les repaires fixés des pentes quelconques, conformes aux plans, profils & élévations, eſtimé à 8 ſols chaque toiſe ſuperficielle ou chaque toiſe cube, en ſuppoſant qu'il n'y aura que ſix pieds de hauteur de remblai en moyenne proportionnelle, ci. // l. 8ſ. // d.
Le dixieme de bénéfice. . . . . . . // // 9

Réglement. . . . . // l. 8ſ 9 d.

Obſervation.

Chaque journée, un Terraſſier Rouleur doit tranſporter à un relais de diſtance

ſept toiſes cubes de terres, à 4 ſols la toiſe cube chaque relais, les ſept toiſes valent 28 ſols, prix de ſa journée, ci.	1l. 8ſ. 〃d.
Le dixieme de bénéfice	〃 2 9
Réglement.	1l. 10ſ. 9d.

EXEMPLE.

Pour fouiller les ſept toiſes cubes, il faut cinq Pelleurs & cinq Piocheurs, compris le déblai ſur berge ou dans la brouette, enſemble dix journées, à 28 ſols chacune, valent.	14l. 〃ſ. 〃d.
Quatre journées de Rouleurs pour le tranſport de ces ſept toiſes cubes de quarante toiſes de portée commune, à 28 ſols chaque journée, valent 5 livres 12 ſols, de même que les ſept toiſes cubes; à 16 ſols de tranſport chaque toiſe pour relais, ci.	5 12 〃
Une journée *idem* pour le régalage de ces ſept toiſes cubes, ou 4 ſols chaque toiſe, équivalent le prix de la journée de.	1 8 〃
Pour battre ces ſept toiſes cubes à terres, pour les conſolider comme deſſus, eſtimées à 4 ſols chacune, ou une journée de Terraſſier, valent.	1 8 〃
Pour l'applaniſſement des terres de ces ſept toiſes cubes, ſuivant les plans, profils & élévation comme ci-deſſus, 8 ſols chacune, ou deux journées de Terraſſiers, valent	2 16 〃
Dépenſe totale de ces ſept toiſes cubes en œuvre.	25 l. 4ſ. 〃d.

De l'autre part.	25 l. 4 f. // d.
Le dixieme de bénéfice pour l'Entrepreneur vaut.	2 10 4 $\frac{4}{5}$
Plus, 16 fols 10 deniers en plus valeur du dixieme ci-deffus accordé pour un quart pour les brouettes & autres, ci.	// 16 10
Valeur en réglement.	28 l. 11 f. 2 d. $\frac{4}{5}$

Chaque toife cube, fuivant ce détail, vaut en réglement. . . . . 4 l. 3 f. // d.

Pour la manœuvre de ces fept toifes cubes en total, fuivant le détail ci-deffus, feront employées dix-huit journées de Terraffier à 28 fols chacune, valent 25 livres 4 fols, ainfi que la dépenfe détaillée.

D'après ce détail, il eft facile d'apprécier toutes terraffes pour la manœvre, foit en plus ou en moins.

Obfervation.

Lorfque les fouilles font plus profondes que de fix pieds de berge, il faut ajouter en plus valeur, chaque toife cube, 20 fols pour une banquette. De même que fi les terres ne pouvoient fe charger à la brouette lors des fouilles, & qu'il fût néceffaire de les peller une deuxieme fois, ce feroit en outre une autre plus valeur de 20 fols par toife, comme la banquette, ci. . . . . 1 l. // f. // d.

Même plus valeur chaque toife cube, fi les terres provenues des fouilles jetées fur une berge ne fe tranfportoient pas à mefure, & qu'elles foient déblayées du bord de cette berge pour empêcher les éboulis, ou faciliter à jeter les terres des autres fouilles, ci. . . . . 1 l. //ſ. //d.

A Paris, lorſque les terres provenues des fouilles ne reſtent point ſur l'emplacement, étant obligé de les envoyer aux décharges ordinaires fixées par la police, environ à une demi-lieue de diſtance, chaque toiſe cube eſt payée pour le tranſport au Gravoitier, compris charge, la ſomme de 12 livres 12 ſols: dans une toiſe cube il y a ſept tombereaux de terre de trente-ſix pieds cubes chacune, faiſant enſemble deux cents cinquante-deux pieds cubes en terres jectiſſes, ne faiſant cependant qu'une toiſe cube de terre en maſſe non fouillée, toutes terres remuées produiſant le volume d'un ſixieme de plus que celle maſſe, ci. . . . . . . 12 12 //

Réglement.

Les bons Ouvriers Terraſſiers ſont payés 28 ſols chaque jour, & ſe fourniſſent de pelles & pioches.

Toutes fouilles de terres de cette nature ſera augmentée à proportion de la manœuvre, ſuivant le détail ci-devant.

Toute fouille ne peut être appréciée ſuivant le ſuſdit détail, il faut en ſavoir la difficulté en prenant connoiſſance du temps employé par l'Ouvrier, ce qui a été reconnu par expérience ſuivant leur nature.

1°. Fouille ordinaire.

2°. Fouille de terre franche très-dure.

3°. Fouille en tuf de pluſieurs natures.

4°. Fouille en cailloux & roches.

5°. Fouille en gravier.

6°. Fouille en glaise ou vase de plusieurs especes.

Pour fixer le prix de ces fouilles non ordinaires, devenant inégal par le plus ou moins de difficulté, il faut faire attention au temps que l'Ouvrier emploiera pour en fouiller une portion quelconque, & d'après la dépense l'on y appréciera le prix à sa juste valeur.

Si dans ces fouilles il se trouvoit du sable propre à la construction, ce sable seroit au profit du Propriétaire, pour être donné en compte à l'Entrepreneur, qui l'emploieroit à son profit, pour lui être déduit sur ses ouvrages.

De même, si dans ces fouilles il se trouvoit des roches, & que le Propriétaire payât au Terrassier la fouille totale suivant sa nature, alors, si cesdites roches étoient bonnes pour être employées en construction de bâtiment, l'Entrepreneur en Maçonnerie en tiendroit compte au Propriétaire, pour lui être déduit comme est dit ci-dessus.

Prix de la fouille de chaque toise cube de glaise ordinaire

Deux Terrassiers emploient un jour pour faire une demi-toise cube de fouille à six pieds de profondeur, à 30 sols chacun, font 3 liv. donc la toise cube pour fouille vaut.	6l.	//s.	//d.
Chaque banquette à la toise cube vaut.	2	//	//
La glaise se vend à Paris, chaque toise cube rendue aux atteliers, la somme de.	101	10	//

Preuve.

La voie de glaise vaut 7 liv., elle est composée de cinquante mottes; la motte contient quatorze pouces de longueur ſur ſix pouces de large & ſix pouces d'épaiſſeur; il en faut ſept cents vingt-cinq à la toiſe cube, faiſant quatorze voies & demie, à 7 liv. la voie, valent, comme ci-deſſus dit, 101 liv. 10 ſ.

Emploi de la glaiſe pour faire un corroi.

Chaque toiſe cube remaniée, relevée, remaniée, épluchée, corroyée & marchée en place, eſt payée.	20l. // ſ. // d.
Aux environs de Paris, a été fourni & mis en œuvre en corroie une toiſe cube de glaiſe, priſe à une demi-lieue de diſtance, pour le prix de.	60 // //

Détail particulier pour apprécier chaque journée la quantité de toiſes courantes que peut & doit faire en marche un Ouvrier Terraſſier, pour le tranſport des terres qui proviendront de fouilles quelconques en plat pays, à dix toiſes de portée commune, que l'on nomme un relais, par expérience faite.

SAVOIR;

Le prix fixé de chaque relais pour l'Ouvrier, ſans le bénéfice dû à l'Entrepreneur pour ſa ſurveillance & fourniture de brouettes, eſt de 4 ſous chaque toiſe cube: il eſt payé 28 ſous chaque jour, conſéquemment il doit tranſporter chaque jour ſept toiſes cubes en maſſe à un relais de diſtance pour mériter le prix de ſa journée.

La marche ordinaire d'un voyageur libre ſans aucun fardeau eſt de quinze lieues par journée de douze heures, ce qui fait une lieue un quart chaque heure, l'on entend la lieue de deux mille toiſes; c'eſt au total trente mille toiſes qu'il peut faire chaque jour.

Nota. Une brouette ordinaire contient vingt-un pouces de long ſur ſeize pouces de large & dix pouces de hauteur.

Un Terraſſier Brouetteur, pour le tranſport des ſept toiſes cubes de terres en maſſe, qui produiſent remuées huit toiſes un ſixieme cubes, doit faire huit cents quatre-vingt-deux voyages chaque jour, à deux pieds cubes de terre chaque voyage, enſemble mille ſept cents ſoixante-quatre pieds cubes, ou huit toiſes un ſixieme; chaque voyage eſt de vingt toiſes de marche; ſavoir, dix toiſes pour aller & dix toiſes pour revenir, & en total, pour les huit cents quatre-vingt-deux voyages, la quantité de dix-ſept mille ſix cents quarante toiſes de longueur de marche chaque jour.

Le voyageur libre fait en marche douze mille trois cents ſoixante toiſes de plus que le Terraſſier, ce qui ne doit pas étonner, attendu que la marche du Terraſſier eſt plus pénible par le fardeau des terres qu'il tranſporte.

Chaque brouettée peſe environ cent cinquante-huit livres; c'eſt effectivement un modique fardeau à rouler, & qui cependant fatigue beaucoup, étant exercé une journée entiere; & comme ce travail eſt pénible, il faut que le Brouetteur ſoit relayé chaque tiers de jour par les Pelleurs alternativement.

La journée eſt compoſée de douze heures de travail, qui forment ſept cents vingt minutes & quarante-trois mille deux cents ſecondes. Chaque relais, par épreuve faite, emploie quarante-cinq ſecondes de temps, conſéquemment il peut ſe faire chaque jour neuf cents ſoixante brouettées, ſur leſquelles déduire le temps d'oiſiveté, montant à ſoixante-dix huit dites, à quarante-cinq ſecondes chacune, font enſemble cinquante-huit minutes & demie; alors la quantité reſtante employée ſera de huit cents quatre-vingt-deux brouettées, ainſi qu'il eſt dit ci-deſſus.

Obſervation.

Comme ces différens ouvriers ſont dans le cas de s'abſenter pour leurs beſoins urgens, l'abſence d'un Pelleur ou Piocheur ne cauſe aucun retard, il n'y a que celle du Rouleur, qui doit être alors remplacé par un Pelleur; c'eſt au Conducteur de veiller à cette manœuvre.

Dans un modique attelier, il eſt de l'attention du Conducteur qu'il y ait toujours une proviſion d'eau bonne à boire ſur l'emplacement, afin d'éviter les abſences fréquentes des ouvriers qui ont & qui affectent ſouvent des beſoins.

Et ſi les travaux ſont conſidérables à grandes diſtances les uns des autres, il faut qu'il y ait un ou deux hommes qui circuleront journellement avec une fontaine ſur leur dos pour donner à boire aux Ouvriers, qui pour lors n'auront pas ſujet de s'abſenter pour ce beſoin, ſans quoi point d'accélération.

Si toutefois l'endroit des fouilles n'eſt point à plat pays, & qu'il y ait à monter à charge ou à décharge, il faut faire un eſſai de la manœuvre de pluſieurs voyages pour connoître le temps en ſus que le détail ci-deſſus, & fixer le prix en conſéquence pour chaque relais.

Et pour la fixation du prix de chaque toiſe cube de fouille de différente nature, il faut de même en faire manœuvrer une portion, prendre connoiſſance du temps à ce employé, & en fixer la valeur, laquelle ne peut être exacte ſans cette expérience.

Il y a certaine fouille où cinq Piocheurs ne pourroient fournir une bretelle pour tranſport, c'eſt par l'épreuve que l'on en fixera l'appréciation.

Il faut auſſi obſerver, lorſque l'on toiſe le cube des terres après la fouille faite, ſuivant les témoins que les Terraſſiers laiſſent pour faire preuve, qu'ils ſoient tous à diſtance égale, ſans quoi il n'y a point de juſteſſe en meſure, & prendre garde à la fineſſe de l'Ouvrier, qui a grand ſoin, vu l'irrégularité du terrein non applani, de ne former ces témoins que dans les parties les plus élevées, & tronquer la connoiſſance des différentes cavités qu'il pouvoit y avoir avant les fouilles faites. C'eſt une ſupercherie des plus grandes, qui va à conſéquence ſur de grandes ſuperficies.

Encore, ſouvent après les fouilles faites, ſurchargent-ils les témoins, en levant avec attention le gaſon au ſommet de chaque témoin qu'ils appliquent ſur leur ſurcharge; c'eſt ce qui ſe fait communément, encore faut-il s'en garantir en y veillant, afin de prévenir cette ſupercherie.

Pour cet effet, il faut, avant de faire les fouilles, poſer ſur l'emplacement un niveau d'eau, & faire l'opération ſuivante, ſavoir; ſur ledit emplacement, il faut mettre à diſtance égale le plus poſſible un nombre quelconque de jalons, niveler un repaire ſur chacun d'iceux, meſurer la hauteur fixée depuis ce nivellement juſqu'au ſol des fouilles propoſées, & en déduire le vuide, comme depuis les repaires nivelés juſqu'au ſol du terrein à fouiller, le ſurplus ſera la fouille à faire en moyenne proportionnelle au droit de chaque jalons, additionner la quantité des différentes hauteurs connues, ſuppoſées enſemble de cinquante parties, qui ont produit de hauteur totale dix mille pieds, leſquels, diviſés par les cinquante parties, donnent deux cents pieds de hauteur moyenne, ainſi de toute autre.

Suivant cette démonſtration pour la fouille de terre ordinaire, avec tranſport à la brouette par relais, pour une bretelle, à un relais de diſtance comme de cinq, il il faut, pour la fouille de ſept toiſes cubes maſſives que doit tranſporter chaque jour un Brouetteur, cinq Piocheurs & cinq Pelleurs pour la charge d'icelles dans la brouette, & obſerver qu'un Rouleur ne pourroit réſiſter une journée entiere au tranſport de ces ſept toiſes cubes, ſans être relayé au moins tous les tiers de jour par ces Pelleurs, obſervant encore que lorſqu'un Pelleur s'abſente pour un beſoin urgent, il n'y paroît pas au Rouleur, au contraire, ſi un ou deux Rouleurs s'abſentent pour même motif, tout eſt ralenti. Il faut donc les remplacer par les Pelleurs, ce qui ſe peut facilement; l'abſence n'étant pas de longue durée, il y a beaucoup moins de fatigue dans le Pelleur que dans le Brouetteur, pourquoi le Pelleur ſera tenu de relayer les Rouleurs.

Il y a des Entrepreneurs qui ont prétendu le contraire, diſant qu'un Pelleur étoit ſuffiſant pour charger la brouette d'un Rouleur, lequel Rouleur n'a tranſporté chaque jour à un relais que deux toiſes cubes: il eſt payé 28 ſols par jour, le relais n'eſt payé à l'Entrepreneur, ſans ſon bénéfice, que 4 ſols chaque toiſe cube; les deux valant 8 ſols, c'eſt conſéquemment 20 ſols de perte réelle pour cet Entrepreneur chaque journée de Rouleur; auſſi ce Rouleur qui n'a pas été relayé n'a pu en faire davantage, étant accablé de fatigue. Donc, cette obſervation ci-deſſus eſt fondée.

Les Chargeurs ne ſeront point compris en la dépenſe du tranſport, étant inſérés dans le prix de la fouille, à moins que ce ne ſoit des terres repellées une ſeconde fois, comme lorſque ſe ſont des fouilles jetées ſur berge priſe en contre-bas du ſol de la charge, ſeront eſtimées en plus valeur, chaque toiſe cube 20 ſols.

Ces cinq Pelleurs employés à la charge de ces ſept toiſes cubes en plus valeur, à 28 ſols, valent enſemble 7 liv., c'eſt 20 ſols chaque toiſe cube.

CHARPENTERIE.

Détail pour apprécier les ouvrages de Charpenterie à Paris, & la maniere de les toiser selon l'art, avec suppression de l'usage, ainsi qu'il est dit en la Maçonnerie.

SAVOIR;

Il faut toiser les longueurs & grosseurs des bois tels qu'ils sont en œuvre, de même qu'aux travaux des maisons royales, mettre le tout à sa valeur, & y ajouter le dixieme de bénéfice dû à l'Entrepreneur en plus valeur de sa dépense.

Choix des bois pour l'emploi en bâtimens.

Ils doivent être loyaux & marchands, bien secs, sains, nets, sans aubier n'y nœuds vicieux & sans être roulés.

Prix des Ouvriers.

Un Conducteur entendu pour l'établissement des bois, nommé en terme d'Ouvrier un Gâcheur, est payé chaque journée.	3 l.	" s.	" d.
Le Compagnon Charpentier, chaque journée.	2	5	"
Les Scieurs-de-long sont à leur tâche pour le débit des bois, & sont payés à la toise courante 6 sols chacune toise, ci.	"	6	"

Prix des bois du Marchand, pris sur les ports à Paris, année 1781.

SAVOIR;

Chaque cent de bois neuf ordinaire, compris l'entrée, vaut.	480 l. // s. // d.
Pour la voiture de chaque cent *idem*, pris sur le port, transporté au chantier du Maître ou Entrepreneur, 20 livres en moyenne proportionnelle du plus ou moins d'éloignement, ci.	20 // //
Prix rendu chez l'Entrepreneur. .	500 l. // s. // d.

Le cent de bois est de trois cents pieds cubes, conséquemment la piece est de trois pieds cubes.

Le Marchand, sur sa livraison, donne à l'Entrepreneur, en plus valeur, quatre pieces chaque cent, pour déchet, c'est un usage.

Pareil transport du chantier de l'Entrepreneur à sa destination au bâtiment, ci.	20 l. // s. // d.

Bois de qualité.

Les bois de qualité sont ceux destinés pour les poutres, poitrails, lambourdes, plattes-formes, poteaux corniers, escaliers & autres, fixés depuis quinze pieds de long jusqu'à quarante pieds &c., & depuis douze pouces de gros; le Marchand le vend sur le port en moyenne proportionnelle, chaque cent, environ 600 liv., ci.	600 l. // s. // d.

Il s'en trouve quelquefois de longueur & grosseur non ordinaires; alors il se marchande & se vend jusqu'à 8 & 900 livres le cent, mais ce n'est que le besoin qui contraint l'acquisition, vu qu'il ne s'en emploie que très-peu, & ne s'en rrouve presque pas de cette nature. Lorsque le Marchand n'en trouve point le débit à son desir, souvent il le vend au prix de l'autre, attendu qu'il dépériroit sur le port.

Observation.

Il ne faut point s'arrêter à ce que disent quelques Auteurs, qui prétendent que les bois sont fixés de longueur, lors de l'exploitation, de trois, six, douze, quinze, dix-huit, dix-neuf & demi, vingt-un, vingt-quatre, vingt-sept & trente pieds &c. Ils sont dans l'erreur, car l'exploitation des bois se fait de toutes longueurs & grosseurs, ainsi que l'on en voit la preuve sur les ports à Paris, sans quoi il y auroit un déchet considérable, tant pour le Marchand Forain que pour l'Entrepreneur, suivant les circonstances, en considérant que le Marchand Forain toise un cinq pieds pour un six pieds, de même un sept pieds pour un six pieds, les deux ensemble ne font que douze pieds, ainsi des autres longueurs.

Il est de la derniere conséquence que le Marchand Forain ne vende son bois tel qu'il peut être que dans sa longueur intrinseque, sans aucun usage, ainsi qu'il est exploité dans toute sa longueur pour moins de déchet.

Détail d'appréciation des ouvrages de Charpenterie.

SAVOIR;

Chaque cent d'acquisition de bois ordinaire vaut la somme de. . . . . . . 480l. // s. // d.

Ci-contre.	480 l. ″ f. ″ d.
Pour le tranfport du port au chantier de l'Entrepreneur.	20 ″ ″
Pour la recherche des bois dans le chantier, fuivant les longueurs néceffaires pour l'établiffement, un fol chaque piece, c'eft chaque cent.	5 ″ ″
Pour l'appareil des bois fuivant les plans, même eftimation.	5 ″ ″
Pour la charge des bois établis, & décharge à pied d'œuvre au bâtiment, 2 fols chacune piece, le cent vaut. . .	10 ″ ″
Pour le temps employé au levage d'iceux & pofés en place à leur deftination, 3 fols chaque piece, le cent vaut.	15 ″ ″
Pour le tranfport du chantier au bâtiment, le cent vaut.	20 ″ ″
Dépenfe.	555 l. ″ f. ″
Le dixieme de bénéfice. . .	55 10 ″
Valeur en réglement. . . .	610 l. 10 ″

Pour les différens affemblages des tenons & mortaifes en plus valeur, favoir;

Chaque mortaife.	″ l. 5 f. ″ d.
Chaque tenon.	″ 2 6

Tous les bois refaits feront payés en plus valeur pour les huifferies, poteaux, limons, marches, &c. chaque cent de piece, la fomme de.	25 l. ″ f. ″ d.

Chaque toife courante de moulures aux huifferies, linteaux, limons d'efcaliers

& autres ſemblables, 3 ſols, ainſi que les refeuillemens, ci. . . . . // l. 3 ſ. // d.

Chaque toiſe courante de moulures de marches d'eſcaliers, & autres équivalentes. . . . . // 12 //

Suivant le détail ci-deſſus, chaque piece de bois neuf en œuvre vaut. 6 l. 2 ſ. 1 d.

Autre détail.

S'il ſurvenoit que le Propriétaire ayant deſſein de bâtir prévienne l'Entrepreneur de faire l'approviſionnement de ſes bois ſur l'emplacement du bâtiment, alors le prix ſeroit différent.

SAVOIR;

Acquiſition du cent de bois, de. . .	480 l.	// ſ.	// d.
Le tranſport d'icelui, du port au bâtiment.	20	//	//
Recherche, comme deſſus pour le rétabliſſement.	5	//	//
Pour l'appareil de cet établiſſement. .	5	//	//
Pour le levage & poſe en œuvre. .	15	//	//
Pour l'approche à pied-d'œuvre. . .	5	//	//
Dépenſe.	530 l.	// ſ.	// d.
Le dixieme de bénéfice. . . .	53	//	//
Valeur en réglement.	583 l.	// ſ.	// d.

Chaque piece de bois vaut. 5 l. 16 ſ. 7 d.

Obſervation concernant les vieux bois à façon.

Tous les vieux bois provenus des démolitions ſeront donnés en compte à l'Entrepreneur, pour être remployés dans la conſtruction projettée, & toiſés de leur longueur & groſſeur, ainſi qu'ils ſe comportent; cependant, faire déduction ſur la longueur de toutes les portées qui ſe trouveroient échauffées, ainſi que des tenons & mortaiſes; & lors du toiſé à la perfection des ouvrages, faire diſtinction du vieux bois d'avec le neuf, pour connoître s'il y a plus de vieux bois en œuvre qu'il n'en a été donné en compte. Il arrive journellement que les Entrepreneurs achetent du vieux bois qu'ils emploient avec celui pris en compte, eſpérant en recevoir la valeur au prix du bois neuf, d'après la déduction de celui pris en compte; & pour y parvenir, ils s'oppoſent à cette diſtinction de vieux & neuf lors du toiſé. Cette ſupercherie ne peut s'accepter; le bois qu'ils ont acheté 250 à 300 liv. au plus ne peut valoir le prix de bois neuf.

Si dans les vieux bois donnés en compte, il étoit néceſſaire de faire des ſciages pour les débiter à titre de pratique, ils ſeroient à la charge du Propriétaire.

Autre détail du prix de chaque cent de vieux bois en œuvre, à façon ſeulement.

SAVOIR;

Pour la démolition de chaque cent de vieux bois, faite avec attention pour éviter le déchet.	10 l. ″ ſ. ″ d.
Le tranſport d'iceux du bâtiment au chantier, pour l'établiſſement.	20 ″ ″
Le tranſport *idem*, du chantier au bâtiment.	20 ″ ″
La charge, décharge & levage en œuvre, comme deſſus dit.	25 ″ ″
	75 l. ″ ſ. ″ d.

De l'autre part.	75l. ″ſ. ″d.
La recherche dans le chantier & l'établiſſement.	10 ″ ″
Dépenſe.	85l. ″ſ. ″d.
Le dixieme de bénéfice. . . .	8 10 ″
Réglement.	93l. 10ſ. ″d.

Les aſſemblages en plus valeur, comme deſſus.

OBSERVATION.

Autre détail, ſi toutefois les bois s'établiſſoient ſur le lieu.

SAVOIR;

La démolition, comme deſſus.	10l. ″ſ. ″d.
La recherche & établiſſement.	10 ″ ″
Le levage & poſe en œuvre, ainſi que l'approche à pied d'œuvre.	20 ″ ″
Dépenſe.	40l. ″ſ. ″d.
Le bénéfice de l'Entrepreneur.	4 ″ ″
Réglement.	44l. ″ſ. ″d.

Les aſſemblages en plus valeur, comme deſſus.

ÉTAIEMENS.

Détail pour fixer le prix de chaque cent de bois en étaiemens.

SAVOIR;

Pour la recherche des longueurs con-

venables dans le chantier, chaque cent vaut.	5 l. // s. // d.
Le transport d'iceux pour aller & revenir.	40 // //
La charge, décharge & levage en œuvre, différent du bois taillé, valent.	20 // //
La démolition, recharge & décharge, chaque cent vaut.	10 // »
Dépense.	75 l. // s. // d.
Le dixieme de bénéfice. . . .	7 10 //
Réglement.	82 l. 10 s. // d.

Observation.

Si ces étayemens étoient remis en œuvre à plusieurs fois au même endroit, comme il arrive souvent, il est du soin d'un Inspecteur d'en prendre le toisé avant la démolition, pour, lors du remploi, faire déduction de la non valeur du transport & autres objets compris dans les précédens.

SAVOIR;

Aux différens remplois.

1°. La démolition vaut chaque cent.	5 l. // s. // d.
2°. La pose d'icelle & transport. . .	15 // //
Dépense.	20 l. // s. // d.
Le dixieme de bénéfice. . . .	2 // //
Réglement.	22 l. // s. // d.

Suite d'observation.

Et si toutefois il falloit couper de ces étaiemens par

fixation de longueur, le déchet eſt dû à l'Entrepreneur, d'après les notes priſes par l'Inſpecteur des travaux, ou autre le repréſentant.

Lorſqu'il s'agit de faire des étaiemens quelconques, il eſt de la prudence de l'Architecte d'en fixer la quantité néceſſaire à l'Entrepreneur, afin d'éviter le ſuperflus : ſouvent où il eſt convenable d'en poſer cinquante pieces, l'Entrepreneur les multiplient & en poſe trois cents, c'eſt dans cette manœuvre que la confuſion regne, conduite par l'avidité du gain.

Les cintres des caves pour la conſtruction des voûtes, ou autres où il y aura aſſemblage, ne peuvent pas être regardés comme les étaiemens.

1°. Les poinçons, courbes, arbaleſtriers, entruits, & tout ce qui aura tenons & mortaiſes, ſeront toiſés & eſtimés à prix de fourniture, n'étant après l'emploi regardés que comme vieux bois pour être remployés à façon, ou rendu à l'Entrepreneur à un certain prix, compenſation faite du déchet.

2°. Les couches, couchis & autres ſans aſſemblages ne ſeront regardés que comme les étaies.

Chaque coupement ordinaire fait ſur le tas à la ſcie démontée ſera payé. .	// l.	5 ſ.	// d.
Chaque pieds de longueur de hachement ordinaire fait ſur le tas.	//	2	6
Chaque mortaiſe faite *idem* ſur le tas.	//	7	6

Dans les différens détails ci-deſſus, il n'eſt point parlé d'aucuns déchets de bois, quoique ſtrictement toiſé ; il ſera accordé à l'Entrepreneur, lors du toiſé de tous les bois, un quart de pouce ſur les groſſeurs en œuvre de tous les paremens faits. A l'égard du bois qui s'emploie pour les chevilles d'aſſemblage, les quatre pieces au cent de fourniture, accordées du Marchand, peuvent y ſuppléer, nonobſtant tous les demi-pouces qui ne leur ſont point toiſés ſuivant l'inventaire de la livraiſon du Marchand, & que tous les Architectes accordent à l'Entrepreneur lors du toiſé.

EXEMPLE.

Le Marchand vend à l'Entrepreneur un morceau de bois de dix-huit pieds de long ſur douze pouces & demi de groſſeur ſur tous ſens, réduit à douze pouces, lequel morceau produit, ſuivant la livraiſon, ſix pieces, & en œuvre, eſt compté à l'Entrepreneur, pour ſix pieces, trois pieds neuf pouces; l'Entrepreneur bénéficie ſur cet objet de trois pieds neuf pouces de bois non acquis du Marchand, &c. Il n'y a donc aucun motif ſolide qui puiſſe autoriſer la demande d'aucuns déchets en bois de charpente, n'étant d'ailleurs point d'uſage de corroyer la charpente; & pour peu qu'elle le ſoit, le détail ci-deſſus alloue à l'Entrepreneur une plus valeur à ce ſujet.

Toutefois que l'Entrepreneur ſera obligé de faire des planchers, & que les ſolives ſeront fixées d'épaiſſeur, comme il arrive à différens hôtels, & qu'il fallut les débiter dans les bois de groſſeur, la nature n'en produiſant point de cette eſpece, il ſera payé les ſciages à l'Entrepreneur en plus valeur, après avoir compris au toiſé le déchet du débit.

Fixation de la portée des bois.

Les ſolives de longueur ordinaire auront ſix pouces de portée, ainſi que les ſablieres.

Celles qui ont une grande longueur ſeront fixées neuf pouces.

Il eſt de la bonne conſtruction que toutes les ſolives portent ſur les murs ; cependant, ſi ce n'étoit la difformité de la ſaillie des lambourdes aux bâtimens particuliers, la ſolidité ſeroit plus grande ſur lambourdes qu'avec portée ſur murs ou tenons. Aux bâtimens où les plafonds ſont décorés de ſaillie de corniches, ces lambourdes ſe trouvent renfermées dans icelles, & les murs plus ſolides n'étant point tranchés, obſervant toutefois que le bois pourri en ſa portée, & lorſqu'il faut remettre des ſolives en place de celles défectueuſes, il faut faire des dégradations qui affoibliſſent la bâtiſſe, ce qui n'arriveroit pas aux lambourdes étant dans œuvre des murs.

Cette obſervation, de ſupprimer la portée des ſolives, ſe fait dans les murs mitoyens ; les loix l'ont établie pour ne point trancher les murs, obſervant des linçoirs, n'y ayant que celles d'enchevétrures ſcellées dans iceux. Pourquoi cette loi n'eſt-elle pas générale ?

Toute poûtre ſur mur mitoyen ne doit avoir de portée que moitié de l'épaiſſeur d'icelui, qui eſt de neuf pouces, auſſi le mur doit-il en avoir dix-huit pouces & non de douze pouces, comme la plupart ſont à Paris ; c'eſt contre la ſolidité. L'on objecte à cela que ſi cette foible épaiſſeur n'eſt pas ſuffiſante pour la portée des poutres à mi-épaiſſeur, que l'on peut, de concert avec ſon voiſin, faire porter ces poutres de l'épaiſſeur totale. Cette objection eſt contre l'art, fondée ſur ce qui ſuit.

1°. La loi défend de prendre plus que la moitié de l'épaiſſeur dudit mur.

2°. Ces bois ne doivent point porter dans l'épaiſſeur totale, attendu qu'ils peuvent ou qu'ils pourroient à l'avenir cauſer l'incendie par la communication du feu. Le Propriétaire voiſin, dans la diſtribution de ſon bâtiment, pourroit, ſans ſavoir le danger, ériger une cheminée adoſſée au bout de la portée de ces bois, ce seroit, ainsi qu'on le démontre, donner la liberté involontaire au feu de s'y introduire, comme on l'a déja remarqué dans plusieurs édifices.

Eviter les linteaux de charpente aux croisées ordinaires, les cintrant toutes en pierres ou moilon. Si toutefois ces croisées sont en plattes-bandes, le cintre peut se passer de linteaux de fer, observant qu'il n'y a point de charge au-dessus, puisque c'est un vuide.

Cette suppression de linteaux est fondée sur le même principe que dessus, étant sujet à pourrir, & susceptible à l'avenir des dégradations considérables pour le revêtement sous œuvre d'iceux.

A ces différens planchers, lorsqu'il se trouvera des largeurs de pieces d'appartement non conformes aux longueurs des bois ordinaires, pour éviter le déchet représenté par l'Entrepreneur, il est de son attention qu'il pratique sans usage comme avec usage, d'y suppléer par des linçoirs & solives d'enchevétrures, & toutes les fois qu'il resteroit un vuide trop considérable entre les linçoirs & les murs, il faut le remplir de faux linçoirs en coupe & non assemblés, pour conserver la force des solives d'enchevétrures. Cette observation est démontrée assez intelligiblement par la figure A.

Maniere de toiser strictement en œuvre les décharges & tournies en cloisons ou pans de bois, suivant la figure B.

La décharge se mesure d'abouts en abouts, 1, 2, les tenons étant faits aux dépens de l'obliquité, y ajoutant un pouce de longueur à chaque a bout sur sa grosseur, & non trois pouces pour chaque tenons, les tournices se mesurent ainsi.

Sera faite même observation dans les empannons, coyaux, limons d'escaliers & courbes.

Les marches pleines d'escaliers seront mesurées, leur grosseur en moyenne proportionnelle, au milieu de leur largeur de giron, ou additionner la hauteur du devant & du derriere ensemble, & en prendre moitié représentée par la figure C, de sept pouces sur le devant & un pouce au derriere, ensemble huit pouces, dont la moitié est de quatre pouces sur la largeur & longueur, bien entendu que les sciages, à titre de pratique pour le Propriétaire, seront à sa charge, & payés à l'Entrepreneur suivant le prix ci-dessus.

Pour toiser un limon d'escalier portant courbe, suivant la figure D, sera mesurée sa longueur d'abouts en abouts compris tenons, entre trois & cinq pouces pris par équarrissement sur sa largeur proportionnelle dans son milieu, en plans le tout suivant son inclinaison & sa hauteur par équarrissement, en mettant deux regles dessus & dessous, ou deux cordeaux, & mesures entre iceux cordeaux ou regles, & le produit sera requis.

Sera observé que l'Entrepreneur a soin de ne point bûcher (en terme d'Ouvrier & de l'art) l'évuidement de la courbe à coup de coignée; il l'élégit à la scie, & ce qui en provient fait volontiers un autre limon; c'est pourquoi il n'est pas raisonnable d'acorder à l'Entrepreneur sa largeur en plan 3 & 4, mais bien en moyenne proportionnelle sept & huit pouces, quoiqu'il bénéficie encore de l'élégissement &c. non déduit.

Quand aux courbes, il en sera fait l'équarrissement total, l'élégissement étant volontiers en pure perte & d'une forme assez irréguliere pour ne pouvoir en faire grand usage.

La façon totale d'un escalier doit être estimée le double de l'ouvrage ordinaire, eu égard à la difficulté, par le trait qui le compose selon l'art, & augmenter sur les paremens refaits un quart de pouce pour le déchet en plus valeur des grosseurs en œuvre.

Sera de même tout ſciage payés en plus valeur.

D'après ces différens détails, il eſt facile d'apprécier la charpente dans toute l'étendue du royaume. Après avoir pris connoiſſance de la valeur & qualité des bois, ainſi que du tranſport & prix des journées d'Ouvriers, l'appréciation ci-deſſus n'eſt que pour Paris, ainſi qu'il a déjà été dit.

Nota. Quiconque fera bâtir par économie ne doit jamais permettre aux Ouvriers d'emporter les copeaux provenus des ouvrages de conſtruction, que l'on nomme en terme d'Ouvriers *fouées*; il eſt plus à propos de leur donner chaque jour 5 ſous de plus que leur journée ordinaire, pour éviter la prodigalité du bois réduit en copeaux, qu'ils feroient journellement ſi l'on les autoriſoient à en emporter.

L'économie en genéral n'a jamais été favorable aux Propriétaires s'ils n'ont l'avantage d'avoir des ſujets fideles, & ce qui eſt très-rare, il ſe fait une conſommation de journées & une prodigalité de matériaux au moins d'un tiers plus qu'à l'entrepriſe. En charpente, les Compagnons ne ſe donnent point la peine de chercher les bois néceſſaires avec la même attention que lorſqu'ils ſont ſous la conduite d'un Maître que l'intérêt & la connoiſſance guident.

Formalités à obſerver avant la conſtruction d'un bâtiment.

Il faut bien diriger les plans, profils & élévations, faire un devis & marché devant Notaires, fixer le prix des ouvrages, paiemens d'iceux, limiter le temps poſſible pour la conſtruction pour jouir du revenu audit temps limité, à peine de tous dépens dommages & intérêts. Si toutefois leſdits ouvrages n'étoient pas faits, fixer toutes les groſſeurs des bois, leur qualité, aſſemblages loyaux & marchands, bien ſains, nets, ſans nœuds vicieux, ni aubier, aſſemblés à tenons & mortaiſes, avec chevilles de bois ſelon l'art de charpenterie, & non avec dents de loups, chevilles de fer.

Les planchers ſeront poſés de niveau, les ſolives

feront dreffées de niveau deffous, toutes pofées de champs, efpacées de fix, fept ou huit pouces de diftance les unes des autres, que l'on nomme entrevous, avec portée fuffifante, ainfi qu'il eft fpécifié ci-deffus; le tout exécuté fuivant les plans, profils & élévations faits par M. . . . Architecte chargé de la conduite des travaux, & qu'il ne fera fait aucune diminution ni augmentation qu'il n'en foit ordonné par écrit du Propriétaire & Architecte.

Comme il n'eft pas poffible qu'il puiffe fe trouver une quantité prodigieufe de bois de même groffeur, c'eft à l'Entrepreneur intelligent de les placer en moyenne proportionnelle & mettre du fort au foible, pour pouvoir fe renfermer dans les bornes de fes claufes & conditions portées en fon marché.

COUVERTURE.

Détail pour le prix de chaque toife fuperficielle de Couverture en ardoife & en tuile.

MATÉRIAUX.

SAVOIR;

Il y a deux fortes d'ardoife à Paris, provenant d'Angers, de Mezieres & de Rimogne (cette derniere connue depuis peu, fe tire de la Champagne, & fe trouve être de même forme que la grande carrée forte), dont la premiere fe nomme carrée forte; elle contient douze pouces de haut fur huit pouces de large, & doit

être

être mise en œuvre à quatre pouces de pureau, en terme de l'art; c'est huit pouces de recouvrement: cette ardoise coûte sur le port à Paris la somme de 44 liv. le millier, ci. .	44 l. // s. // d.
Pour le transport d'icelle du port aux atteliers en moyenne distance de la proximité à l'éloignement, 20 sols le millier; une voiture ordinaire en contient trois milliers, & est payée 3 liv. c'est, chaque millier.	1 // //
Le millier avec transport vaut.	45 l. // s. // d.

Pour faire une toise superficielle de couverture de cette ardoise, il en faut cent soixante-deux.

SAVOIR;

Dix-huit en hauteur, & neuf en largeur, le millier fait ordinairement six toises de surface; il en reste vingt-huit qui sont compensées pour le déchet de celles qui se cassent lors de la construction, ci.	Toise au millier. 6 // //

Chacune de ces ardoises coûte. . . . . // liv. // s. 10 d $\frac{4}{5}$.

Deuxieme sorte d'ardoise.

Cette deuxieme sorte se nomme cartelette; elle sert à couvrir les dômes, étant plus étroite & plus convenable sur les parties circulaires. Elle contient neuf pouces de hauteur fur fix pouces de large, & doit être mife en œuvre à trois pouces de pureau; c'eft fix pouces de recouvrement : elle coûte rendue aux atteliers, chaque millier, la fomme de. . . . . 25 l. " f. " d.

Pour faire une toife fuperficielle de cette couverture, il faut deux cents quatre-vingt-huit ardoifes; favoir, vingt-quatre en hauteur & douze en largeur. Chaque millier fait ordinairement trois toifes & demie fuperficielles, ci. . . . . toif. chaque millier. 3 ½ " "

Chaque ardoife de cette nature, vaut.. . . . . . . " liv. " f. 6 den.

Le pureau ainfi fixé au tiers de la hauteur, fuivant l'art, eft pour que la couverture réfifte à l'impétuofité des vents, par le recouvrement des deux tiers, fans quoi il n'y auroit point de folidité.

De ces deux efpeces d'ardoife, il faut préférer celle d'Angers & de Rimogne, étant les meilleures; il ne s'en emploie guere d'autre à Paris.

En général, la meilleure eft celle qui eft la plus noire, plus luifante & ferme.

Lattes à ardoife.

La latte doit être en bois de cœur de chêne. Chaque latte contient quatre pieds de long fur quatre pouces & demi de large; la botte eft de vingt-cinq lattes, & coûte à Paris, chaque cent, la fomme de. . . . . 145 l. " f. " d.

Chaque botte vaut. 1 9 6

Chaque latte vaut. . . . . . . // l. 1 f. 2 d. $\frac{4}{5}$.

Les chevrons des combles pour la couverture font ordinairement efpacés à douze pouces de diftance l'un de l'autre, de quatre pouces de gros ou de feize pouces de milieu en milieu : les lattes font ordinairement attachées à un pouce fix lignes l'une de l'autre, & portent fur quatre chevrons ; il faut, chaque toife fuperficielle, dix-huit lattes, qui valent. 1 2 6

Chaque latte à ardoife eft attachée fur quatre chevrons, de deux clous chacune, enfemble huit clous, & fix fur trois contre-lattes, enfemble quatorze à chaque latte, & les dix-huit lattes à la toife font la quantité de deux cents foixante clous compris déchet ; c'eft une livre moins un quart chaque toife fuperficielle ; à 8 fols la livre, valent. // 6 //

Dans la livre de clou à latte, il y a trois cents trente clous, compenfation faite du déchet.

Clous à ardoife.

Chaque livre de clous à ardoife compofe cinq cents clous ; le millier pefe deux livres, chaque livre, vaut. . . . . // 11 //

A chaque toife fuperficielle de couverture en ardoife, il faut trois cents foixante-un clous, compris déchet.

Les cent soixante-deux ardoises y contenues, attachées chacune avec deux clous, pesent ensemble une livre moins un quart; à 11 sols la livre, valent. . . . . // l. 8 f. 3 d.

A chaque toise superficielle de cette couverture, il faut vingt-sept pieds de longueur de contre-lattes en cœur de chêne, posées entre les chevrons; à 5 sols 6 den. la toise courante, les quatre toises & demie ou les vingt-sept pieds valent. . 1 4 9

Le cent de toises de longueur de contre-lattes coûte à l'Entrepreneur, rendu à son attelier, . . 27 10 //

Nota. L'estimation de 5 sols six deniers la toise courante est compris déchet.

Prix des Ouvriers Couvreurs.

Le Compagnon est payé chaque jour.	2 l.	10 f.	// d.
Le Manœuvre ou son aide est payé.	1	10	//
Pour les deux, chaque jour. . .	4 l.	// f.	// d.

Chaque journée, le Compagnon & son aide feront une toise & demie de couverture de cette ardoise, compris lattis & contre-lattes, ainsi que les plâtres faits; & sans trop se gêner, il en a été fait deux toises à la tâche.

Chaque toise à façon, suivant ce détail, vaut. . . . 2 liv. 13 f. 4 d.

Obſervation.

Quantité de Compagnons l'ont fait en l'année 1776 à 50 ſols la toiſe, & ont gagné beaucoup plus que leur journée, ayant reçu chaque jour, y compris l'aide 5 l. pour deux toiſes.

Tous les égouts & faîtes des combles en ardoiſe ſeront en tuiles, pour plus de ſolidité; la ſaillie d'iceux peinte en couleur d'ardoiſe à huile, deux couches.

L'égout ſimple ſera de trois tuiles, celui double, de cinq tuiles, & ne ſeront eſtimés en valeur qu'au prix de la tuile.

La peinture à huile de cet égout ſera eſtimée en plus valeur.

Les arreſtiers en ardoiſe ſeront comptés en plus valeur de la ſurface du comble, pour un pied ſur leur longueur pris ſuivant leur inclinaiſon, eu égard à la ſujétion & déchet.

Les noues ſur leur largeur de paremens, & ſix pouces chaque tranchis, l'aire de plâtre au-deſſous, ſuivant le détail ci après, à prix d'argent.

Repréſentation concernant les noues.

Il faut ſe diſpenſer de les faire en ardoiſes, n'étant pas ſolides, & occaſionnant un entretien continuel: c'eſt ordinairement dans une noue que l'Ouvrier met le pied, lorſqu'il ſurvient quelques réparations à faire; il y poſe ſes échelles, comme l'endroit le plus commode. Ces noues, pour plus de ſolidité, doivent être faites en plomb.

Lors du toiſé des couvertures en ardoiſe, ſera faite la déduction de toutes les parties en plomb quelconques, & les plâtres détaillés particuliérement.

SAVOIR;

Les filets, pour 1 sols 6 den. chaque pied courant.

Les solins en raccordemens aux murs, *idem*, compris la sujétion du devert de l'ardoise.

Les devirures, six deniers chaque pied courant.

Les faîtieres, 2 sols chaque pied courant.

Les égouts simples, pour douze pouces de couverture.

Les égouts doubles, pour vingt-quatre pouces chaque pied courant.

Les pentes en plâtre pour la pose des goutieres, noues, &c. 2 sols chaque pied de long.

Lorsqu'il sera fait un enduit de plâtre sous les enfaîtemens pour la pose du plomb, 1 sol, *idem*, chaque pied courant.

Nota. L'appréciation ainsi faite pour les plâtres n'est que pour la fourniture seulement, la façon de l'emploi étant comprise dans l'emploi de l'ardoise ci-devant détaillé.

Représentation concernant la maniere de toiser un comble droit.

Il faut multiplier la longueur totale sur le pourtour; l'on aura une superficie de laquelle il faudra déduire toutes les parties tronquées par les murs, cheminées, lucarnes & autres objets, le surplus sera la superficie requise. Ensuite détailler les plâtres en plus valeur à prix d'argent, comme est dit ci-dessus.

Appréciation de chaque toise superficielle de couverture de la susdite ardoise, suivant le détail ci-dessus, non compris les plâtres.

SAVOIR;

Chaque toise superficielle d'ardoise vaut.	7 l.	10 s.	" d.
Dix-huit lattes.	1	2	6
Clous à lattes.	"	6	"
Clous à ardoise.	"	8	3
Contre-latte.	1	4	9
Façon, chaque toise.	2	13	4
Dépense, chaque toise.	13 l.	4 s.	10 d.
Le dixieme de bénéfice dû à l'Entrepreneur.	1	6	9
Valeur en réglement.	14 l.	11 s.	7 d.

Autre détail de la deuxieme sorte d'ardoise, nommée cartelette, suivant le détail ci-dessus.

SAVOIR;

Chaque toise de cette ardoise vaut.	8 l.	6 s.	8 d.
Lattes.	1	2	6
Clous à lattes.	"	6	"
Clous à ardoise, une livre un cinquieme, à 11 s. la livre, valent.	"	13	3
Contre-lattes.	1	4	9
Un Compagnon & son aide ne peuvent faire en une journée qu'une toise superficielle; vaut pour façon, compris les plâtres.	4	"	"
Dépense.	15 l.	13 s.	2 d.

De l'autre part.	15 l. 13 ſ. 2 d.
Le dixieme de bénéfice. . . .	1 11 4
Valeur en réglement.	17 l. 4 ſ. 6 d.

Les plâtres ſeront détaillés particuliérement en plus valeur, comme deſſus, pour la fourniture ſeulement à prix d'argent.

Ardoiſes recherchées (1).

C'eſt une recherche générale ſur un comble pour remettre des ardoiſes où il en manque, & pour apprécier le prix fixé chaque toiſe ſuperficielle ci-après détaillée. Il faut que l'Entrepreneur fourniſſe ſix ardoiſes de la premiere qualité chaque toiſe.

Détail à cet effet.

Six ardoiſes neuves fournies, à 11 deniers environ chacune d'acquiſition, eſtimée, compris le temps employé pour les mettre en œuvre, à 2 ſols, chaque valent.	// l. 12 ſ. // d.
Fourni douze clous à ce ſujet, eſtimés, compris déchet, à.	// // 6
Dépenſe chaque toiſe.	// l. 12 ſ. 6 d.
Le dixieme de bénéfice.	// 1 3
Réglement.	// l. 13 ſ. 9 d.

Nota. Sera accordé à l'Entrepreneur en plus valeur, à chaque toiſe ſuperficielle, 4 ſols pour émouſſer & nettoyer la couverture totale, compris la fourniture des balais.

(1) Le terme de l'Ouvrier eſt ardoiſe recherche.

Le toisé se fera en superficie comme dessus, avec même déduction des parties occupées par les murs, cheminées, lucarnes & autres, & les plâtres détaillés particuliérement comme dessus dit.

Pour clouer l'ardoise en recherche, il faut que le clou passe à travers de deux ardoises, qui est celle que l'on place, & celle en recouvrement dessus; & pour empêcher que les eaux pluviales ne filtrent au droit de ce clou, l'on aura l'attention de mettre dessus un petit morceau d'ardoise en recouvrement, tenu par l'ardoise supérieure.

Ardoises remaniées.

Façon, chaque toise superficielle, comme en ardoises neuves.	2 l.	13 s.	4 d.
Dix-huit lattes.	1	2	6
Clous à lattes.	"	6	"
Clous à ardoise.	"	8	3
Contre-latte.	1	4	9
Dépense.	5 l.	14 s.	10 d.
Le dixieme de bénéfice.	"	11	6
Réglement.	6 l.	6 s.	4 d.

Tous les plâtres développés *idem* que dessus en plus valeur, après déduction faite.

Observation.

Et si toutefois ce remanié étoit fait sur vieux lattis conservé, en voici l'appréciation de la valeur de chaque toise.

SAVOIR;

La façon, comme dessus.	2 l.	13 s.	4 d.

De l'autre part.	2 l.	13 f.	4 d.
Clous à ardoife.	"	8	3
Dépenfe.	3 l.	1 f.	7 d.
Le dixieme de bénéfice. . . .	"	6	2
Réglement.	3 l.	7 f.	9 d.

Tous les plâtres & déductions comme deffus.

Sur les combles en recherche, il eft de la prudence de l'Architecte ou Infpecteur de prendre garde fi les plâtres font bien faits, fi les anciens font hachés au vif, entiérement détruits, avec arrachemens aux murs pour lier les plâtres neufs; car fouvent les Ouvriers fe conténtent de les blanchir feulement, & les comptent neufs, conféquemment de nulle valeur. Il faut de même faire faire arrachemens aux plâtres fur les combles neufs & remaniés; car fouvent ils les plaquent fur les murs, & ils fe détachent peu de temps après qu'ils font faits. Il faut encore, après les arrachemens faits, nettoyer la pouffiere qu'ils ont occafionnée, & humecter la tranchée avec de l'eau, fans quoi le plâtre ne fe lieroit point étant fur la pouffiere.

Aux enfaîtemens en plomb, il arrive fouvent qu'ils font pofés fur le lattis feulement; & comme les plombs fe déduifent fur la furface de la couverture, il faut y ajouter la valeur du lattis & clous en plus valeur.

Appréciation pour mettre à prix la valeur du lattis & fourniture de clous aux combles en ardoife.

SAVOIR;

Un Compagnon & fon aide feront

chaque jour six toises superficielles de lattis, sont payés 4 livres, c'est chaque toise superficielle.	″ l.	13 s.	4 d.
Dix-huit lattes.	1	2	6
Clous à lattes.	″	6	″
Contre-latte.	1	4	9
Dépense chaque toise.	3 l.	6 s.	7 d.
Le dixieme de bénéfice. . . .	″	6	8
Réglement.	3 l.	13 s.	3 d.

Observation pour la couverture en ardoise sur des planches de sapin minces en place de lattis, que l'on nomme volice & suivant l'Ouvrier, volige.

Prix d'icelles.

Chaque cent au compte, de six pieds de long sur huit pouces de large, vaut, sur le port à Paris, la somme de.	35 l.	″ s.	″ d.
Pour le transport à sa destination, chaque cent.	1	″	″
Valeur chaque cent.	36 l.	″ s.	″ d.
Chaque toise de longueur vaut.	″ l.	7 s.	3 d.
Il faut, chaque toise superficielle de couverture, huit toises courantes de volice, de huit pouces de large, à 7 sols 3 deniers la toise, valent. .	2	18	″

Chaque volice sera attachée de trois clous sur chaque chevrons, ensemble pour les quatre chevrons, douze clous, c'est chaque toise superficielle quatre-vingt-seize clous,

pesant ensemble trois quarts de livres, à huit sols la livre, valent.	// l.	6 s.	// d.
Dépense.	3	4	//
Et lattée comme dessus, compris contre-latte, vaut.	2	13	3
Différence de. -	//	11	9

Suivant ce détail, lorsqu'il sera mis de la volice en place de latte & contre-latte, il seroit convenable d'accorder à l'Entrepreneur 11 sols 9 deniers par toise superficielle en plus valeur, démontré ci-dessus; cependant, comme il y a moins de temps employé qu'au lattis, la compensation se trouve égale au prix.

Gouttieres en bois de chêne.

Chaque toise courante, compris la pose d'icelle, vaut la somme de.	6 l.	// s.	// d.

Observation.

Si toutefois il n'y avoit sur les combles qu'une légere recherche à faire, alors ce seroit de la constater avant, & y apprécier le prix conforme. Il arrive souvent que lorsque la réparation urgente à faire n'est point spécifiée, l'Entrepreneur ôte la bonne ardoise, qu'il emporte, pour en mettre de neuve, afin de parvenir à avoir le prix de celle bien défectueuse; c'est un abus auquel il est possible de remédier, en constatant par avance ce qu'il convient de faire.

De même, toutes les fois qu'il sera découvert quelques parties de comble pour rétablir quelques souches de cheminées, il sera pris un attachement du déchet, pour constater ce qui sera fourni, ainsi que celle en remanié.

Et si cet attachement n'est pas observé, où il sera néceſſaire de ne faire que trois toiſes ſuperficielles de couverture, tant en remanié qu'en fourniture, il en ſera fait dix toiſes.

Autre obſervation.

Les démolitions des combles des vieux batimens feront payées en plus valeur, & faites à la journée, ſuivant les notes qui en feront priſes par l'Architecte ou Inſpecteur, ainſi que le temps employé au tranſport de l'ardoiſe & retaille d'icelle.

De même, s'il ſe trouvoit, pour réparation, de la difficulté pour le ſervice non ordinaire, il eſt de la connoiſſance de l'Architecte d'y avoir égard en plus valeur.

Couvertures en tuiles.

Il y a à Paris deux ſortes de tuiles provenant de la Bourgogne, dont une, que l'on nomme grand moule: elle a treize pouces de haut, ſur huit pouces & demi de large; on l'emploie en œuvre, fixée à quatre pouces de pureau, c'eſt neuf pouces de recouvrement, même égard qu'à l'ardoiſe, & ſe vend à Paris, priſe ſur le port, la ſomme de cinquante-quatre livres le millier, ci.	54 l. // ſ. // d.
Pour le tranſport à ſa deſtination, chaque millier.	4 // //
Le milier coûte à l'Entrepreneur.	58 l. // ſ. // d.
Chaque tuile vaut. . . 1 ſ. 2 d.	

Appréciation.

Chaque millier fait, en plein comble, ſix toiſes deux tiers ſuperficielles de couverture, compris déchet.	
Il en faut, chaque toiſe ſuperficielle, cent cinquante, compris déchet; à un ſols 2 deniers chacune, valent.	8 l. 15 ſ. // d.
Le cent de bottes de lattes de cœur de chêne coûte à l'Entrepreneur. . . . . 100 l.	
Dans une toiſe ſuperficielle de cette eſpece, il faut vingt-ſept lattes fixées d'un pouce & demi de large, clouées à deux pouces & demi de diſtance l'une de l'autre; à 4 deniers $\frac{4}{5}$ chaque latte, valent. . .	// 11 //
Chaque latte eſt attachée avec quatre clous: une botte emploie une livre de clous, à huit ſols la livre, les vingt-ſept lattes en emploient pour.	// 4 6
Chaque toiſe ſuperficielle, compris lattis & plâtre faits, pour façon, vaut.	1 2 10
Dépenſe chaque toiſe.	10 l. 13 ſ. 4 d.
Le dixieme de bénéfice . . .	1 1 4
Valeur en réglement.	11 l. 14 ſ. 8 d.

Un compagnon Couvreur & ſon aide feront chaque jour trois toiſes & demie de cette couverture, compris lattis, & ſont payés pour les deux 4 livres.

Sur la ſuperficie totale d'un comble quelconque, ſera faite déduction totale des parties tronquées par les murs, cheminées, lucarnes & autres, & les plâtres ſeront toiſés en plus valeur & mis à prix, ainſi qu'il eſt détaillé à l'ardoiſe.

Tuiles recherchées (1).

Par chaque toiſe ſuperficielle, ſera fourni ſix tuiles neuves à la place de celles défectueuſes; à 2 ſols chacune, compris poſe, valent.	" l.	12 ſ.	" d.
Dépenſe.	" l.	12 ſ.	" d.
Le dixieme de bénéfice . . .	"	1	3
Réglement.	" l.	13 ſ.	3 d.

Le toiſé ſera fait aveo pareille déduction, & les plâtres en plus valeur comme deſſus dit.

Tuiles remaniées.

La tuile remaniée n'eſt autre choſe que la découverture totale d'un comble pour refaire un lattis neuf, lorſque l'ancien eſt de nulle valeur, la tuile dépoſée d'un côté, & repoſée de l'autre, ſans aucun tranſport.

SAVOIR;

Chaque toiſe, pour façon, comme à la tuile neuve, vaut.	1 l.	2ſ.	10 d.
Pour lattes fournies.	"	11	"
Clous fournis.	"	4	6
Dépenſe.	1 l.	18ſ.	4 d.

(1) Le terme de l'Ouvrier eſt tuile recherche.

De l'autre part.	1 l. 18 ſ. 4 d.
Le dixieme de bénéfice.	" 3 10
Réglement.	2 l. 2 ſ. 2 d.

Le toiſé ſera fait comme deſſus, pareille déduction, & les plâtres en plus valeur à prix.

Il eſt à propos de veiller aux Ouvriers lors de la découverture, afin d'empêcher qu'ils ne caſſent la vieille tuile, pour avoir occaſion d'en fournir de la neuve, ce qui ſe fait journellement; & en outre, les tuileaux provenans de la caſſe tiennent lieu de pour boire aux Ouvriers, qui les vendent aux Batteurs de ciment. Il faut, avant de faire la démolition, prendre connoiſſance de la maniere dont ſe comporte la tuile, & conſtater avec l'Entrepreneur la quantité qu'il doit fournir pour remplacer celle défectueuſe, le tout par un écrit double, contenant que tout ce qui excédera ſera à ſa charge; alors l'on verra qu'il y apportera ſes ſoins, & le Propriétaire ne ſera point lézé: & attendu que le motif de l'Entrepreneur, de caſſer la vieille tuile, n'eſt que pour en fournir de la neuve, & que s'il ſe trouvoit auſſi ſuffiſamment de la vieille tuile, tous les plâtres ne ſeroient comptés & mis à prix que comme remaniés, au lieu que lorſqu'ils ſont faits de tuile neuve, ils ſont eſtimés à prix de tuiles neuves. Voilà les abus que cauſe les us & coutumes de Paris, ainſi qu'il régnoit en l'ardoiſe. Mais ſuivant ces appréciations, les ſupercheries deviennent ſupprimées, au moyen de ce que l'on eſtimeroit les plâtres à leur valeur.

Deuxieme ſorte de tuile nommée petit moule, idem *de Bourgogne.*

Le petit moule contient dix pouces de haut ſur ſept pouces de large,

&

& posée à trois pouces de pureau ; le milier vaut sur le port à Paris, la somme de	34 l.	″ s.	″ d.
Le transport du port à la destination vaut, chaque millier. . : . .	3	″	″
Acquisition.	37 l.	″ s.	″ d.
Chaque tuile vaut environ. . . .	″ l.	″ s.	9 d.

Appréciation.

Chaque millier fait en plein comble trois toises trois quarts superficielles de couverture, compensation faite du déchet.			
Il faut chaque toise superficielle deux cents soixante-quatre tuiles ; savoir, vingt-quatre en hauteur, & onze en largeur ; à 9 deniers chacune, valent.	9 l.	18 s.	″ d.
A chaque toise *idem* il faut trente-six lattes d'un pouce & demi de large, attachée à un pouce & demi de distance l'une de l'autre ; à quatre den. $\frac{4}{5}$ chacune, valent.	″	14	6
A chaque latte employée, deux deniers de clous, & les trente-six à la toise valent	″	6	″
Pour façon, chaque toise un sixieme de plus qu'à la tuile grand moule, observant qu'il y est employé plus de temps, pour tuiles, lattes, & clous, qui sont plus multipliés, vaut. . .	1	6	6
Dépense	12 l.	5 s.	″ d.

	l.	f.	d.
De l'autre part.	12l.	5f.	// d.
Le dixieme de bénéfice . . .	1	4	6
Réglement.	13l.	9f.	6d.

Le toifé fe fera comme ci-deffus dit.

Tuiles recherchées idem.

	l.	f.	d.
A chaque toife fuperficielle feront fournies fix tuiles neuves à la place de celles de nulle valeur ; à un fol neuf deniers chacune, compris l'emploi, valent.	//l.	10f.	6 d.
Dépenfe	//l.	10f.	6d.
Le dixieme de bénéfice	//	1	//
Réglement.	//l.	11f.	6 d.

Le toifé fera fait comme il a déja été dit.

Tuiles remaniées idem.

	l.	f.	d.
Façon comme à la tuile neuve ci-deffus, chaque toife	1 l.	6f.	6 d.
Lattes fournies.	//	14	6
Clous.	//	6	//
Dépenfe.	2l.	7f.	// d.
Le dixieme de bénéfice.	//	4	8
Réglement.	2l.	11f.	8 d.

Obfervation.

Tous les gravois qui proviendront des réparations seront enlevés aux champs à la charge du Propriétaire, & payés au tombereau, suivant l'usage, aux décharges ordinaires, & si toutefois ces gravois ne pouvoient se jetter en bas, & qu'il fût nécessaire de les descendre à la hotte, ils seront payés à l'Entrepreneur, chaque tombereau. 1 l. // s. // d.

Toutes lucarnes quelconques seront toisées selon leur superficie développée intrinseque, tant en ardoises qu'en tuiles, sans fixation comme ci-devant.

Une vue de faîtiere neuve, réduite à six pouces, compris les plâtres.

Les égouts doubles en tuile de cinq, réduits à deux pieds, compris scellemens.

L'égout simple de trois tuiles, pour un pied de tuile.

Tous égouts en tuile, aux combles en ardoises, seront comptés pour tuile.

Et si toutefois ils sont peints en couleur d'ardoise à huile, ils seront payés en plus valeur comme peinture d'impression.

S'il y a un double d'ardoise, il sera compté pour six pouces ardoises.

Les faîtieres en tuiles, sur comble en ardoises, seront cinglées, leur pourtour sur leur longueur pour tuiles.

Les plâtres des crêtes, 2 sols pour un pied courant, sur leur longueur.

Si elles sont peintes comme dessus, à huile, elles seront toisées & payées comme peinture.

Les arrestiers pour tuile & ardoise seront comptés pour un pied courant sur leur longueur, pris suivant la ligne d'inclinaison, compris déchet & plâtre.

Les noues seront de même estimées en plus valeur de leur surface, douze pouces pour les tranchis, chaque tranchis pour six pouces; les pentes au-dessous seront estimées en plus valeur, suivant ce qu'elles seront, à 2 sols le pied courant pour les plâtres.

Les pentes en plâtre sous les gouttieres ou chaîneaux, seront estimées à 2 sols le pied courant, suivant ce qu'elles seront, ou comme les aires des planchers, comptées au Maçon si elles le méritent.

Les gouttieres en chêne posées en place, six liv. la toise courante, ci. . . . . 6 l. // s. // d.

Autres especes de couverture.

On fait encore des couvertures en bardeaux ou de petites douves de tonneaux en chêne, que l'on coupe de douze pouces de longueur sur cinq & six pouces de largeur, toujours en œuvre; fixer le pureau au tiers de sa longueur aminci, du côté des clous ou recouvrement, attaché de deux clous chaque sur même lattis que l'ardoise, pour le plus solide, ou sur volice. Il faut qu'elles soient peintes en grosse couleur à l'huile ou autre couleur pour les garantir de la chaleur & des pluies. Il est même nécessaire de les faire peindre tous les deux ans. Cette couverture se fait & se toise comme la tuile & l'ardoise, & se paie à proportion du prix des matériaux.

D'après le détail ci-dessus, il est aisé de fixer le prix de la toise superficielle.

1°. La fourniture suivant la valeur du bardeau.

2°. Façon comme à l'ardoise.

3°. Même fourniture de clous.

4°. *Idem* pour la volice &c, pour les plâtres & déduction.

Le cent de bardeaux en chêne, de cinq & six pouces

de large, vaut.	5 l.	"	" d.
Le milier vaut.	50	"	"
Chaque toise superficielle, il en faut deux cents cinquante, à 1 sol chaque, valent.	12 l.	10 s.	" d.
Façon comme à l'ardoise, chaque toise vaut.	2	13	4
Deux livres de clous de bateaux.	"	14	"
Clous *idem* pour la volice. . .	"	10	"
Huit toises de volice fournies comme dessus, à 7 sols 3 deniers la toise courante.	2	18	"
Dépense	19 l.	5 s.	4 d.
Le dixieme de bénéfice. . . .	1	18	6
Réglement.	21 l.	3 s.	10 d.

Ce prix de bardeaux est, à Paris, fixé de cinq & six pouces de large audit prix, mais dans la province il est à meilleur compte; c'est de l'apprécier suivant les différentes contrées & prix des Ouvriers, conformément au détail ci-dessus.

Ces sortes de couvertures ne se font sur les maisons qu'à défaut de la tuile, & se font cependant pour les moulins à vent, étant plus légeres, ainsi que sur les bateaux des moulins à eau.

La peinture sur ces sortes de couvertures se toise en plus valeur, à toise superficielle, suivant sa nature, à une ou deux couches.

Dans les campagnes, & même dans les fauxbourgs de Paris, il y a des maisons que l'on couvre en chaumiere de paille de seigle, & en différens endroits, de roseaux. Après que les faîtages & pannes sont posés, on y attache, avec des clous, des perches en place de chevrons, de douze pouces de distance l'une de l'autre, & les perchettes en travers, de pareil distance l'une de l'autre sur lesquelles le Couvreur applique le chaume avec des liens d'osier. Plus ces liens sont serrés, plus la couverture est de durée ; elle se toise à Paris comme la couverture, & ailleurs à la travée. La travée est de douze pieds de large sur dix-huit pieds de haut, faisant six toises de surface.

Le cent de bottes de paille se paye ordinairement. . . . . 30 l. // s. // d.

C'est chaque botte 6 sols, plus ou moins, suivant les saisons, ci. . . . . // l. 6 s. // d.

Il faut dix-sept bottes chaque toise superficielle.

Les percheaux se vendent 24 sols la botte ; la botte est composée de vingt-quatre percheaux de chacun neuf pieds, c'est chaque percheau. . . . // l. 1 s. // d.

Pour attacher la paille auxdits percheaux il faut des harres que l'on paye 10 sols le cent; il en faut trois cents à la travée, c'est cinquante harres chaque toise superficielle, & chaque toise. . . . . // l. 5 s. // d.

Détail pour une toise superficielle.

SAVOIR;

	l.	s.	d.
Dix-sept bottes de paille, à six sols la botte, valent.	5 l.	2 s.	2 d.
Six percheaux valent.	//	6	//
Une livre de clous de bateaux. .	//	7	//
Cinquante harres.	//	5	//
Façon, chaque toise.	1	10	//
Dépense.	7 l.	// s.	// d.
Le dixieme de bénéfice. . . .	//	14	//
Réglement.	7 l.	14 s.	// d.

Chaque travée de six toises de cette couverture vaut. . . . . 46 l. 4 s.

Démonstration facile pour toiser la couverture d'un comble suivant les figures, par profil & élévation, A profil, B élévation, le produit sera conforme aux différens détails ci-dessus.

SAVOIR;

Ledit couvert en tuiles contient soixante-trois pieds de longueur, compris l'épaisseur des deux murs de pignons, sur cinquante-huit pieds de pourtour, compris égout double, de deux pieds chacun, produit en superficie cent une toises, trois pieds à déduire pour les parties tronquées par trois murs en aîles adossant les cheminées, ensemble soixante-douze pieds de pourtour sur dix-huit de large pour les cheminées, ensemble soixante pieds de pourtour sur douze pouces de larges; pour les dix-huit lucarnes, sur les deux côtés de chacune, quatre pieds six pouces de large, ensemble quatre-vingt-un pieds de large sur dix pieds de hauteur réduit, pris du devant d'icelles jusques & compris moitié de la hauteur du chevalet; après ces déductions, le surplus produit en superficie . . . . 74 t. 2 p. " ".

Couverture en tuiles neuves.

La couverture *idem* de chacune de ces dix-huit lucarnes contient dix pieds de large, compris croupe, un pied chaque arrestier,

& un pied pour la noue, ſur huit pieds de pourtour pour les deux côtés, compris égout ſimple, les faîtieres contournées, produiſent les dix-huit, enſemble, ſuivant la ſuperficie d'une.	*Idem.* 40 t. // // //

Plâtre en plus valeur contenu en cette ſurface de comble.

SAVOIR;

Les plâtres du faîte pour les crêtes des faîtieres contiennent cinquante-cinq pieds ſix pouces de longueur, déduction faite des cheminées & murs à deux ſols le pied courant, valent.	51 l.	11 ſ.	// d.
Les différens ſollemens & ruellées en raccordemens aux murs & cheminées, enſemble cent ſoixante-quinze pieds de pourtour, à un ſol le pied courant, valent	8	15	//
Les ſollemens *idem* en raccordemens au pourtour d'une lucarne de vingt-deux pieds, ſix pouces de long, à un ſol *idem* valent, les dix-huit enſemble	20	5	//
Les plâtres *idem* aux crêtes des faîtieres de ces dix-huit lucarnes, enſemble cent vingt-ſix pieds de long, à deux ſols le pied courant, valent	12	12	//

Récapitulation des ouvrages contenus au susdit comble.

SAVOIR;

Cent quatorze toises deux pieds de couverture en tuiles neuves de Bourgogne, sur lattis neuf de cœur de chêne, en plein comble, les plâtres en plus valeur demandés particuliérement, à onze livres quatorze sols huit deniers la toise superficielle, suivant les appréciations ci-dessus, valent la somme de . . .	1341l. 10s. 2d.
47 livres 3 sols pour les plâtres en plus valeur des solins, ruellées & autres en ce que dessus, ci	47l. 3s. //d.
Total.	1388l. 13s. 2d.

Observation.

Toutes les lucarnes en ardoises ou tuiles seront toujours toisées, leur surface après développement fait, sans avoir égard à l'usage qui fixe chaque lucarne avec croupe, à une toise & demie ; c'est un abus, d'autant qu'il y auroit de la perte pour l'Entrepreneur dans l'une, & trop de bénéfice dans l'autre.

EXEMPLE.

Dans un comble de cette espece, les dix-huit lucarnes non ordinaires produisent au toisé quarante toises de surface, & danscertains combles en mansarde, ne produisent au plus qu'une demie-toise chaque; les dix-huit produiroient neuf toises superficielles, & d'autres une toise chacune, les dix-huit produiroient dix-huit toises.

Toutes les fois que la couverture remaniée ou autres sera faite sur vieux lattis, il en sera fait déduction sur les prix ci-dessus détaillés.

Un Compagnon Couvreur & son aide feront chaque jour six toises superficielles de lattis; à treize sols quatre deniers chaque toise, valent quatre livres, prix de la journée précédemment détaillée, ci . . . 4 l. // f. // d

Lors de la construction de tout bâtiment quelconque, il faut, ainsi qu'il a déja été dit, spécifier au marché la qualité des matériaux. Savoir; en ardoise, qu'elle sera de la meilleure qualité, la latte & contre-latte de cœur de chêne, la tuile de grand ou petit moule, toutes provenantes de Bourgogne, ou autre nature, suivant les endroits; y apprécier le prix suivant la valeur des matériaux & prix des Ouvriers: le tout selon l'art, à dire d'Experts ou gens à ce connoissant, observant qu'il n'est accordé à l'Entrepreneur qu'un dixieme de bénéfice sur la dépense totale, pourquoi il doit être payé de ses travaux dans le cours de l'année, d'après la perfection & réception des ouvrages, s'il n'y a titre contraire.

Il ne faut jamais hésiter de donner à l'Entrepreneur le prix & valeur de ses travaux, ni différer son paiement au temps fixé ci-dessus, sans quoi on le met dans le cas d'exécuter toutes supercheries, qu'il regarde convenables, pour se dédommager.

1°. En place de l'ardoise, nommée grande carrée forte, il en fourni de la fine, moitié moins forte.

2°. Cette ardoise, qui doit être à quatre pouces de pureau, est mise à cinq pouces dans les parties que l'on ne peut approcher.

3°. Il n'eſt point mis la quantité de clous néceſſaire.

4° Il met de la latte blanche en place de celle de cœur de chêne.

5°. Il ne met qu'un clou pour l'attacher ſur chaque chevron, au lieu de deux.

6°. De la contre-latte ou volice à moitié paſſée.

7°. Des plâtres aux égouts & pentes avec moitié de pouſſiere, &c.

En tuile neuve.

1° De la tuile de rebut ſans crochets, de moindre acquiſition.

2°. De vieilles tuiles aux égouts, retournées ſur le côté oppoſé du premier emploi, demandées pour neuves.

3°. Il augmente de même le pureau.

4°. De la latte blanche en place de cœur de chêne.

5°. De la pouſſiere *idem* dans le plâtre.

En remaniée.

Mêmes ſupercheries pour latte & plâtre.

En tuile recherchée.

1o. Il ne fait que blanchir les plâtres ſans aucunes dégradations.

2°. Il retourne les vieilles tuiles, au nombre de ſix par toiſe, qu'il accroche avec un clou pour n'en point fournir de neuves, &c.

On voit donc qu'il eſt eſſentiel de donner le prix convenable à l'Entrepreneur pour éviter ces ſupercheries; mais auſſi faut-il avoir un Inſpecteur ou Commis éclairé pour y veiller, & le payer ſelon ſon mérite, afin qu'il n'ait pas occaſion de s'entendre avec l'Entrepreneur pour avoir de lui un dédommagement du modique prix qu'il auroit du Propriétaire.

Couvertures en tuiles à claire voie.

SAVOIR;

Il faut, chaque toise superficielle, du grand moule, cent huit tuiles, tant plein que vuide, même pureau; c'est six en longueur, faisant chacune douze pouces de large; savoir, huit pouces & demi de plein, largeur de la tuile, trois pouces & demi de vuide & dix-huit en hauteur, à un sol 2 deniers chaque tuile comme dessus détaillé, valent.	6 l.	6 s.	// d.
Lattes & clous comme dessus en plein comble.	//	15	6
Chaque toise superficielle à façon, compris lattis & plâtre faits, vaut un quart moins qu'en plein comble, c'est.	//	17	//
Dépense chaque toise.	7 l.	18 s.	6 d.
Le dixieme de bénéfice.	//	15	10
Réglement.	8 l.	14 s.	4 d.

Ordinairement les égouts, faîtes, & tout ce qui raccorde aux plâtres, se toise comme plein comble, suivant ce qu'ils sont.

Et les plâtres développés comme dessus en plus valeur, avec toute déduction des parties tronquées de murs, cheminées & lucarnes &c.

Tuile, petit moule à claire voie idem.

Cette tuile pleine a sept pouces de large & fait, tant plein que vuide, neuf pouces de large.

Il en faut chaque toiſe ſuperficielle cent quatre-vingt-douze, à trois pouces de pureau, c'eſt vingt-quatre en hauteur & huit en largeur, à 9 deniers chacune, valent.	7 l.	4 ſ.	" d.
Clous & lattes *idem* que deſſus valent.	1	"	6
Pour la façon, les plâtres y compris, un quart moins qu'en plein comble, vaut chaque toiſe. . . .	1	"	"
Dépenſe.	9 l.	4 ſ.	6 d.
Le dixieme de bénéfice. . . .	"	18	6
Réglement chaque toiſe.	10 l.	3 ſ.	" d.

Les déductions & plâtres, même égard que deſſus dit.

Regles générales pour l'entretien annuel de la couverture en bâtiment.

L'on doit, avant que de donner la couverture d'un bâtiment à l'entretien, la faire mettre en bon état par une réparation générale.

Et avant que de faire cette réparation, il faut en conſtater tous les ouvrages néceſſaires quelconques à faire, ſans quoi l'Entrepreneur, ſachant qu'il en aura l'entretien, en fera à neuf le plus qu'il lui ſera poſſible, pour s'éviter la multiplicité des réparations dans le cours de ſon entretien.

Après cette réparation, il faut toiſer la ſuperficie totale de tous les combles, ſans aucun uſage, lequel toiſé ſera réduit à toiſe ſuperficielle, eſtimée à 6 ſols ladite toiſe, & enſemble la ſomme de

Et enſuite ſera fait & dreſſé un marché double au prix convenu, par lequel l'Entrepreneur s'oblige d'entretenir tous les combles, maiſons, &c. & généralement quelconques, appartenans à M. . . . & dont le toiſé y ſera joint; ledit Entrepreneur ſe chargeant de fournir ardoiſes, tuiles, clous, plâtres, outils, équipages, peines d'Ouvriers & enlévement des gravois qui proviendront des réparations, pour rendre place nette; & chaque année, ſera fait la viſite deſdits ouvrages & le paiement n'en ſera fait que lorſqu'ils ſeront reconnus être en auſſi bon état qu'ils étoient avant que le marché en ait été fait.

	l.	ſ.	d.
Toutes les fois qu'il ſe trouvera des ſouches de cheminées à refaire, il ſera accordé à l'Entrepreneur, en plus valeur pour le rétabliſſement de la couverture, neuf livres par chaque ſouche, ci.	9	"	"

Ce prix ainſi fixé oblige l'Entrepreneur à ménager l'ardoiſe & la tuile lors de la découverture, pour en fournir le moins poſſible.

S'il ſe trouvoit quelques parties d'entablement à refaire qui contraigniſſent de refaire l'égout, il ne ſera accordé à l'Entrepreneur que 4 liv. 10 ſ. chaque toiſe courante, ci.	4	10	"
Pour la poſe de chaque toiſe courante de gouttieres, compris batellement & raccordement.	4	10	"

S'il arrivoit que l'Entrepreneur eût à fournir des gouttieres de bois de chêne, elles ſeront de bonne qualité, ſans pourriture, nœuds vicieux, gerçures ni aubier; & pour prouver l'utilité, l'Entrepreneur ſera tenu de remettre les vieilles pour en juſtifier la longueur & la néceſſité, leſquelles ſeront payées chaque toiſe courante, poſée en place à Paris. 6 l. ″ ſ. ″ d.

Et à la campagne. . . . . . 5 ″ ″

Sera fait un état général de tous les plombs qui ſeront employés auxdites couvertures de l'entretien, dont les longueurs, largeurs & épaiſſeurs ſeront fixées & annéxées audit marché, deſquels l'Entrepreneur ſera reſponſable.

De même, ſi l'Entrepreneur étoit tenu de la poſe du plomb, en place de celui uſé de vétuſté, ou détruit par l'impétuoſité des vents, il lui ſera payé par livre peſant. . . . ″ ″ 6

Comme auſſi, s'il étoit tenu de fournir & poſer une mitre ſur une ſouche de cheminée, elle lui ſera payée, compris la fourniture du fanton. . 4 10 ″

Et ſi au lieu de mitre, il étoit fourni & poſé des tuiles, elles lui ſeront eſtimées. . . . . 2 5 ″

Lorſque l'Entrepreneur ſera obligé de rétablir des fermetures de cheminées, ſaillies des plinthes & ravalemens, ils ſeront toiſés comme léger ouvrage, & eſtimés un ſixieme de plus que le prix ordinaire, eu égard à la ſujétion ou difficulté.

Dans le cas ou la charpente des combles fléchiroit par vétuſté, & que l'on fût contraint de découvrir & recouvrir, alors il faudra ôter la vieille tuile avec ſoin, pour être remiſe en œuvre, & l'on en fournira de neuve le moins poſſible, ſur lattis neuf, qui ſera payée, chaque toiſe ſuperficielle, moitié de la valeur de la toiſe de tuile neuve, compris démolition & ſans uſage.

Si ce même événement arrivoit à un comble couvert en ardoiſe (comme la découverture de cette nature, il y a plus [de déchet par celle que l'on caſſe que dans la tuile), alors ladite ardoiſe, tant en remaniée que fournie, ſera eſtimée moitié remaniée & moitié ardoiſe neuve avec uſage, la démolition y compriſe.

Mais lorſque ces réparations de charpente proviendront du défaut d'entretien de la couverture, la dépenſe totale qui en ſera faite ſera à la charge dudit Entrepreneur, & par une des conditions expreſſes dudit marché.

Tous autres ouvrages neufs, non compris dans la ſuperficie ſpécifiée audit marché d'entretien, ſeront payés ſuivant leur nature, & ſeront joints par augmentation à l'entretien & aux mêmes prix.

Et de même s'il étoit fait ſuppreſſion de quelques édifices, il en ſera fait la déduction ſuivant ledit prix.

S'il ſurvenoit des réparations non prévues, occaſionnées par tempête, feu du ciel ou incendie, elles ſeront à la charge du Propriétaire, & non à celle de l'Entrepreneur, qui le juſtifiera ſelon ſon état fait avant leſdits événemens.

Il faut auſſi, dans ledit marché, mettre la clauſe que ledit Entrepreneur ſera obligé, dans le cours de ſon entretien, de faire balayer tous les trois mois, ſur toutes les couvertures, pour éviter que la mouſſe ni croiſſe, nettoyer & dégorger les gouttieres & chaîneaux pendant les neiges, & que s'il n'y apporte point leſdits ſoins, qu'il ſera permis audit Propriétaire de prendre tel autre Entrepreneur qu'il jugera à propos en ſon lieu & place, après une ſommation à lui faite, & que tous les frais quelconques ſeront au compte dudit Entrepreneur.

Clauſes dudit marché.

Je ſouſſigné . . . . . . Propriétaire demeurant à . . . accepte

. . . . . accepte le préſent marché, & promet de payer tous les ans audit ſieur . . . . . la ſomme de . . . . . après la vérification & réception des ouvrages reconnus en bon état par l'Architecte par moi choiſi à cet effet, & continuer ledit paiement année par année.

Et moi . . . . . maître Couvreur demeurant à . . . . . accepte toutes les clauſes & conditions du préſent marché, fait double, & avons ſigné. A . . . . ce . . . . .

PAVÉ EN GRÈS.

Détail pour fixer la valeur de chaque toiſe ſuperficielle de pavé en grès quelconque à Paris.

Le cent de gros pavé de rue, pris ſur le port à Paris, vaut. . . .	20 l. ″ ſ. ″ d.
Ledit pavé contient huit pouces en carré & huit pouces d'épaiſſeur; chaque voiture, de cinquante chacune, pour le tranſport, vaut 3 livres en moyenne proportionnelle de l'éloignement à la proximité; chaque cent, vaut. . . .	6 ″ ″
Valeur pour chaque cent, compris tranſport.	26 l. ″ ſ. ″ d.

Chaque cent de pavé coûte à l'Entrepreneur 26 livres, c'eſt chaque pavé . . . . ″ l. 5 ſ. 3 d.

Estimation de chaque toise superficielle de ce pavé en œuvre sur une forme de sable, avec ou sans bordure.

SAVOIR;

A chaque toise de ce pavé, il en faut quatre-vingt-un; à 5 sols 3 deniers chacun, valent.	21 l.	5 f.	3 d.
Un demi-tombereau de sable de dix-huit pieds cubes, de six pouces d'épaisseur, vaut.	1	10	//
Façon, chaque toise.	1	4	//
Dépense.	23 l.	19 f.	3 d.
Le dixieme de bénéfice. . .	2	10	11
Valeur en réglement, chaque toise.	26 l.	10 f.	2 d.

Observation.

Avant de paver avec cette sorte de pavé, il faut que les terres qui le reçoivent soient piochées au moins d'un pied de profondeur, pour disposer la forme avec les pentes nécessaires, & donner lieu au pavé de s'asseoir solidement sur un terrein également remué pour qu'il prenne une assiette & tassement égal, sans quoi le poids du rouage des voitures le feroit déverser si quelque chose consolidé des terres lui résistoit plus dans un endroit que dans l'autre.

Dans le prix de ce pavé ci-dessus détaillé est comprise la fouille des terres de cette forme, ainsi que les pentes. Si cependant il se trouvoit des fouilles outre celles ci-dessus pour le rabaissement des anciens sols, le toisé en sera fait au cube, & mis à prix suivant l'estimation au détail des fouilles de terres ci-dessus.

De même s'il étoit nécessaire d'élever en surcharge les anciens sols, les fouilles & enlévement des terres seront *idem* estimés en plus valeur à proportion du transport, observant toutefois de déduire la valeur de la fouille d'un pied pour la forme non faite, d'autant que ce sont les terres rapportées qui la font, & compter en ce que dessus, ou ne compter les terres en surcharge que pour charge & transport dans douze pouces de hauteur.

Autre détail pour chaque toisé de ce pavé refendu en deux en sable, posé sur une forme de sable

SAVOIR;

Pour la refente de ce pavé, chaque cent au compte vaut, compris retaille.	1 l.	5 f.	" d.
L'acquisition, chaque cent vaut.	10	"	"
Le transport de chaque cent à sa destination vaut.	3	"	"
Valeur chaque cent.	14 l.	5 l.	" d.

Chaque pavé de cette nature vaut. . 2 f. 10 d. $\frac{1}{5}$.

Estimation pour chaque toise de ce pavé.

Chaque toise, il faut quatre-vingt-un pavés, à 2 sols 10 deniers $\frac{1}{5}$ chaque, valent.	11 l.	9 f.	6 d.
Pour le sable de la forme & joints.	1	"	"
Façon, chaque toise.	1	"	"
Dépense chaque toise.	13 l.	9 f.	6 d.

De l'autre part.	13 l.	9 f.	6 d.
Le dixieme de bénéfice. . . .	1	6	11
Valeur en réglement.	14 l.	16 f.	5 d.

Sera de même faite la fouille des terres pour la forme d'environ neuf pouces de profondeur, & même égard pour les furcharges s'il s'en trouve.

Autre détail du même pavé fur une forme de fable, pofé à chaux & fable.

SAVOIR;

Pavé fourni comme deffus. . .	11 l.	9 f.	6 d.
Sable *idem*.	1	"	"
Façon.	1	"	"
Il faut quatre minots de chaux pour cinq toifes de pavé ; à 24 fols le minot, valent 4 livres 16 fols, c'eft chaque toife.	"	19	4
Dépenfe chaque toife.	14 l.	8 f.	10 d.
Le dixieme de bénéfice	1	8	10
Valeur en réglement.	15 l.	17 f.	8 d.

Autre idem *fur forme de fable à chaux & ciment.*

SAVOIR;

Pavé fourni comme deffus. . .	11 l	9 f.	6 d.
Sable pour la forme.	1	"	"
Façon *idem*.	1	"	"
	13 l.	9 f.	6 d.

	l.	s.	d.
Ci - contre.	13 l.	9 s.	6 d.
Chaque toiſe ſuperficielle, il faut un ſeptier de ciment de douze boiſſeaux. Le muid eſt de douze ſeptiers, & coûte 20 livres, c'eſt chaque ſeptier.	1	13	4
Chaux, comme deſſus.	〃	19	4
Dépenſe, chaque toiſe.	16 l.	2 ſ.	2 d.
Le dixieme de bénéfice.	1	12	2
Valeur en réglement.	17 l.	14 ſ.	4 d.

Autre pavé refendu en trois, de ſept pouces carrés, ayant environ trois pouces d'épaiſſeur.

SAVOIR;

	l.	s.	d.
Chaque cent d'acquiſition vaut.	6 l.	13 ſ.	4 d.
Pour la refente & taille, chaque cent vaut	1	5	〃
Pour le tranſport à ſa deſtination, chaque cent vaut	2	〃	〃
Valeur chaque cent de pavé .	9 l.	18 ſ.	4 d.

Eſtimation chaque toiſe à chaux & ciment.

SAVOIR;

	l.	s.	d.
Pavé fourni, un cent chaque toiſe vaut.	9 l.	18 ſ.	4 d.
Sable pour la forme.	1	〃	〃
	10 l.	18 ſ.	4 d.

De l'autre part.	10 l.	18 f.	4 d.
Façon.	1	//	//
Ciment.	1	13	4
Chaux.	//	19	4
Dépenfe, chaque toife.	14 l.	11 f.	// d.
Le dixieme de bénéfice. . . .	1	9	1
Réglement	16 l.	// f.	1 d.

Même égard pour les fouilles comme deffus.

Autre idem *fur une forme de fable, pofé à chaux & fable.*

SAVOIR;

Pavé fourni.	9 l.	18 f.	4 d.
Sable	1	//	//
Façon	1	//	//
Chaux.	//	19	4
Dépenfe.	12 l.	17 f.	8 d.
Le dixieme de bénéfice.. . .	1	5	9
Réglement	14 l.	3 f.	5 d.

Obfervation.

Il n'eft point accordé de déchet équivalent l'efpace des joints à ce fujet, & les quatre au cent que le Marchand accorde à l'Entrepreneur.

Lefdits pavés feront en grès de roche la plus dure, & feront bien taillés pour le parement de deffus, & joints pleins, afin qu'il n'y ait point de porte-à-faux fous le fardeau des voitures, fans quoi ils s'épaufreroient, & ne point souffrir qu'il soit employé d'écailles minces moins de trois pouces, car souvent ces écailles ont trois pouces d'épaisseur d'un côté, & un pouce de l'autre. Ils deviennent insolides, au rouage des voitures, & n'existent point en œuvre. Ils peuvent s'employer au long des murs, sous des fourneaux potagers, & autres endroits de cette espece.

Prix des journées d'Ouvriers employés à ces sortes d'ouvrages.

SAVOIR;

Un Compagnon est payé chaque journée, à Paris.	2 l.	10 s.	″ d.
Le Manœuvre ou son aide, chaque jour	1	10	″

Chaque journée, un Compagnon & son aide feront ordinairement quatre toises superficielles de pavé, compris formes & pentes nécessaires; à 20 sols chaque toise, valent 4 livres, même valeur que la journée ci-dessus.

Il est prouvé qu'à la tâche un Compagnon & son aide en ont fait cinq & six toises chaque jour, mais à la journée, fixés comme dessus à quatre toises.

Pavé remanié en sable, sur une forme de sable.

SAVOIR:

Pour le sable fourni.	1 l.	″ s.	″ d.
Façon, chaque toise.	1	″	″
Dépense, chaque toise.	2 l.	″ s.	″ d.
Le dixieme de bénéfice. . .	″	4	″
Valeur chaque toise en réglement.	2 l.	4 s.	″ d.

Pavé idem, *en salpêtre.*

SAVOIR;

Sable de la forme.	1 l.	" s.	" d.
Salpêtre.	"	10	"
Façon	1	"	"
Dépense, chaque toise. . . .	2 l.	10 s.	" d.
Le dixieme de bénéfice. . .	"	5	"
Valeur en réglement.	2 l.	15 l.	" d.

Pavé idem, *en mortier de chaux & sable, sur forme de sable.*

SAVOIR;

Sable	1 l.	" s.	" d.
Chaux.	"	19	4
Façon..	1	"	"
Dépense, chaque toise.	2 l.	19 s.	4 d.
Le dixieme de bénéfice. . .	"	6	"
Réglement.	3 l.	5 s.	4 d.

Pavé idem, *à chaux & ciment.*

SAVOIR;

Sable pour la forme.	1 l.	" s.	" d.
Ciment.	1	13	4
Chaux.	"	19	4
Façon.	1	"	"
Dépense.	4 l.	12 s.	8 d.

Ci - contre.	4 l. 12 f. 8 d.
Le dixieme de bénéfice. . .	〃 9 3
Réglement chaque toife. . . .	5 l. 1 f. 11 d.

Obfervation.

Il eft dû à l'Entrepreneur, à tous les ruiffeaux d'angle, un pied en plus valeur de la fuperficie intrinfeque du pavé, pour le déchet des joints coupés fuivant la diagonale, fujétion de taille & pofe, ainfi qu'il eft démontré à la figure A, dans la longueur de la ligne diagonale.

Pour la refente de chaque cent de vieux pavé au compte. . .	〃 l. 12 f. 6 d.
Pour la retaille d'icelui pour l'équarrir, chaque cent *idem* au compte.	〃 12 6
Taille & fente, le cent au compte.	1 l. 5 f. 〃 d.

Avant que de mettre l'Entrepreneur en œuvre, il faut faire, ainfi qu'aux objets précédens, un devis & marché où il foit fpécifié la qualité du pavé & fon épaiffeur, fur une forme de fable ou non, pofé en fable, falpêtre, mortier de chaux & fable ou de ciment.

Tout bon mortier doit être compofé d'un tiers de bonne chaux, & deux tiers de ciment ou fable, favoir; trois mefures de ciment & une mefure de chaux éteinte.

Faire choix de ciment de tuileau de glaife concaffé, & non de terre rougie avec de la brique, ainfi que cela fe pratique journellement.

Il ne faut point employer de vieux pavés aux ruiffeaux, attendu que jamais le mortier ne peut faire corps avec le vieux pavé, vu que fes pores font refferrés, & qu'il n'eft plus fpongieux, conféquemment moins fufceptible de fe confolider avec le mortier, comme lorſqu'il eſt neuf, tous ſes pores étant ouverts, ainſi qu'il eſt obſervé aux foſſes d'aiſances, de n'en point mettre de vieux, ſans quoi les matieres filtreroient entre le pavé & le ciment, ainſi que l'eau aux ruiſſeaux, & le plus ſouvent ſur des voûtes de caves.

Tout pavé ſera poſé en bonne liaiſon, avec pente néceſſaire, au moins d'un pouce par toiſe.

Autre pavé nommé bloccage en cailloux, poſé de champ ſur une forme de ſable, compris fouille comme deſſus.

SAVOIR;

Le caillou rendu à Paris à ſa deſtination coûte à l'Entrepreneur, la toiſe cube.	48 l. ″ ſ. ″ d.

Ledit bloccage doit être de douze pouces d'épaiſſeur.			
Chaque toiſe cube fait ſix toiſes ſuperficielles, c'eſt chaque toiſe.	8 l.	″ ſ.	″ d.
Pour le ſable de la forme & rempliſſage des joints.	1	10	″
Façon.	1	10	″
Dépenſe, chaque toiſe.	11 l.	″ ſ.	″ d.
Le dixieme de bénéfice. . . .	1	2	″
Valeur en réglement.	12 l.	2 ſ.	″ d.

Nota. On a cru devoir inſérer, pour la facilité publique, dans ce Traité, le rapport des meſures en bâtimens, tant à Paris qu'en province, & partie des pays étrangers, ainſi que la peſanteur des métaux & matériaux, &c. &c. étant analogues en partie auxdits bâtimens, & ſans avoir recours à d'autres recherches pour opérer ſur ces diverſes meſures, en cas de néceſſité.

MESURES EN BATIMENS

A PARIS.

SAVOIR;

La toiſe eſt de ſix pieds.
Le pieds de douze pouces.
Le pouce de douze lignes.
La ligne de douze points.

Il y a différentes toiſes nommées toiſes courantes, de ſix pieds ſur un pied, faiſant ſix pieds de ſurface.

Toiſe ſuperficielle, de ſix pieds ſur ſix pieds, faiſant trente-ſix pieds de ſurface.

Toiſe cube, de ſix pieds de long ſur ſix pieds de large, & ſix pieds de hauteur & profondeur, faiſant deux cents ſeize pieds cubes.

Le pied ſuperficiel contient cent quarante-quatre pouces.

Le pied cube contient mille ſept cents vingt-huit pouces, &c.

Dénomination des meſures du pied de Paris & de la Province, ainſi que de quelques pays étrangers.

SAVOIR;

	Pouc.	Lig.
Le pied de Paris ſe diviſe, comme eſt dit ci-deſſus, en.	12	"
Celui de Leyde, en. . . .	11	7
Celui de Savoie, en. . . .	10	"
Celui de Londres, en . . .	11	3

	Pouc.	Lig.
Celui d'Andezie, en	10	7
Celui de Vienne en Autriche, en.	11	8
Celui de Dannemarck, en.	10	9
Celui de Geneve, en. . . .	18	"
Celui d'Amſterdam, en. . .	10	5
Celui d'Anvers, en.	10	6
Celui de Lorraine, en. . .	10	9
Celui de Lyon, en.	12	7
Celui de Beſançon, en. . .	11	5
Celui de Grenoble, en. . .	12	7
Celui de Dijon, en.	11	7
Celui romain antique, ſuivant la meſure au Capitole, en.	10	10
Celui de Suede, en.	12	9
La palme romaine.	21	6

Peſanteur de chaque pied cube de métaux & matériaux.

SAVOIR;

		Liv.	Onc.	G.	G.
Eau.	Le pied cube d'eau douce peſe.	72	11	3	5
	Celui de mer.	73	"	"	"
	Celui d'huile.	66	"	"	"
	De vin.	70	13	"	"
	D'étain.	532	"	"	"
	De fer.	576	"	"	"
	De cuivre.	648	"	"	"
	D'argent.	740	"	"	"
	De plomb.	828	"	"	"
	De mercure ou vif-argent. .	977	"	"	"
	D'or.	1368	"	"	"
	De terre forte.	95	"	"	"

		Liv.	Onc.	G.	G.
	De ſable terrein.	120	"	"	"
	De ſable de riviere.	132	"	"	"
	De chaux.	56	"	"	"
	De mortier de ſable terrein. .	120	"	"	"
Plâtre.	De plâtre en poudre. . . .	80	"	"	"
	De plâtre, chaque ſac. . . .	53	"	"	"
	De pierre dure ordinaire . .	140	"	"	"
	De lambourde.	122	"	"	"
	De Saint-Leu.	115	"	"	"
	De Liais	165	"	"	"
	De marbre.	262	"	"	"
	De brique.	130	"	"	"
	De tuile.	127	"	"	"
	D'ardoiſe.	156	"	"	"
	De ſel.	110	4	4	"
	De miel.	104	6	2	"
	De cire.	68	11	5	"
	De charbon de terre.	60	"	"	"
	De grès.	167	"	"	"
Bois.	De bois de chêne	60	"	"	"
	De bois blanc.	37	8	"	"
	Le minot de bled à Paris. .	55	"	"	"

Diviſion de la livre à Paris.

La livre ſe diviſe en quatre quarterons.
Le quarteron en quatre onces.
L'once en huit gros.
Le gros en ſoixante-douze grains.

Objets utilles pour l'arpentage, & autres.

Les grandes diſtances de la terre ſe meſurent par lieues : il y en a en France de trois ſortes.

La grande lieue est de deux mille huit cents cinquante trois toises de longueur.

La moyenne, de deux mille quatre cents cinquante toises.

La petite, de deux mille toises.

Le pas géométrique ou brasse, selon les marins, est de cinq pieds.

Le pas commun en marche est de deux pieds six pouces.

L'arpent ou le journal contient cent perches carrées.

La perche est de différentes mesures, suivant les endroits, & souvent dans le même.

La plus grande est de vingt-huit pieds, & la plus petite de dix-huit pieds, bien entendu qu'avant d'arpenter dans quelques endroits quelconques, il faut s'assurer de la mesure que contient la perche du lieu où l'on doit arpenter.

Aunage.

SAVOIR;

L'aune de Paris, Lyon & Rouen contient trois pieds sept pouces dix lignes $\frac{5}{6}$, & varie suivant les différens endroits.

L'aune de la Baronnie de Champcenay, en Champagne, contient deux pieds sept pouces trois lignes, & plus de cent villes & villages s'en servent pour les toiles.

Mesures.

Le muid de grains, mesure de Paris, contient douze septiers.

Le septier, deux mines ou douze boisseaux.

La mine, deux minots, le minot trois boisseaux

où mille sept cents vingt-huit pouces cubes.

Le boisseau seize litrons.

Et le litron trente-six pouces cubes.

Le muid d'avoine double de celui du bled à Paris, & contient douze septiers, le septier ving-quatre boisseaux.

Le muid de sel contient douze septiers, le septier quatre minots, le minot quatre boisseaux, le boisseau seize litrons.

Le muid de charbon de bois contient vingt mines pour le Bourgeois, & seize pour les Marchands, la mine deux minots.

Le minot huit boisseaux.

La voie ou muid de charbon de terre contient quinze minots, le minot six boisseaux.

Le muid de ciment contient douze septiers, le septier douze boisseaux & cent quarante-quatre boisseaux au muid, ou quarante-huit minots.

Le muid de plâtre contient trente-six sacs, chaque sac deux boisseaux ou huit pouces cubes.

Le muid de vin, mesure de Paris, contient deux demi-muids, ou trente-six septiers, ou deux cents quatre-vingt huit pintes, y compris la lie.

Le demi-muid deux quartauts, ou dix-huit septiers, ou cent quarante-quatre pintes.

Le quartaut neuf septiers ou soixante-douze pintes, le eptier quatre quartes ou huit pintes, la quarte deux pintes, la pinte deux chopines, la chopine deux demi-septiers & le demi-septier deux poissons.

La queue de Bourgogne ou d'Orléans contient deux demie-queues ou quatre cents trente pintes, la demi-queue deux cents quinze pintes.

La queue de Champagne contient deux demi-queues ou quarante-huit septiers, ou environ trois cents quatre-vingt quatre pintes, y compris la lie, qui fait environ un muid un tiers, la demie-queue, deux quartauts ou vingt-quatre ſeptiers ou cent quatre-vingt-douze pintes, le quartaut quatre-vingt-ſeize pintes, le demi-quartaut, quarante-huit pintes.

La pinte de vin contient quarante-ſix pouces $\frac{1}{3}$ cubes, & peſe une livre $\frac{3}{4}$ & $\frac{1}{8}$; le muid peſe cinq cents ſoixante-huit livres; le pied cube peſe ſoixante-dix livres treize onces; il y en a huit pieds cubes au muid.

Nota. Ce détail n'a été rapporté ici que pour l'appréciation du poids de l'eau, pour les réſervoirs quelconques qui ſeront poſes ſur planchers, afin de donner la force proportionnelle aux bois, & fixer leurs groſſeurs.

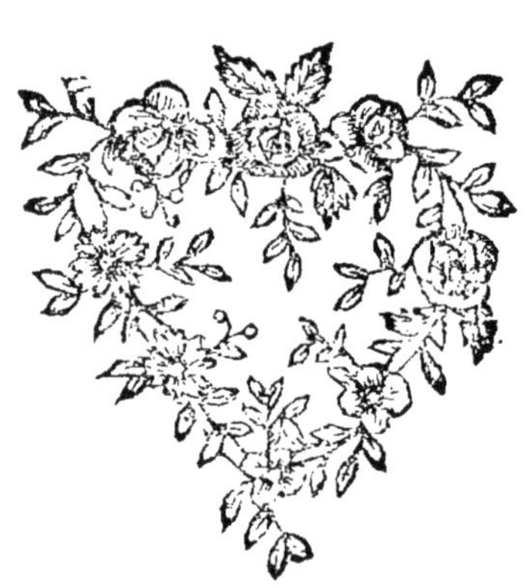

TARIF

TARIF D'ABRÉVIATION,

POUR faciliter les réductions de calculs des différentes natures d'ouvrages, en soustrayant la division pour, d'une surface en pieds quelconques, de même les supposer en pieds cubes, en trouver la réduction des toises, tant courantes, que superficielles & cubes.

Le pied de toise courante est un pied, les six faisant la toise; le pied de toise superficielle est six pieds sur un pied, les six faisant trente-six; le pied cube est de trente-six pieds, les six faisant deux cents seize pieds cubes à la toise, &c.

PIEDS Superficiels.		TOISES Courantes.			TOISES Superficielles.			TOISES Cubes.			
P.	P.	T.	P.	P.	T.	P.	P.	T.	P.	P.	L.
1	"	"	1	"	"	"	2	"	"	"	4
2	"	"	2	"	"	"	4	"	"	"	8
3	"	"	3	"	"	"	6	"	"	1	"
4	"	"	4	"	"	"	8	"	"	1	4
5	"	"	5	"	"	"	10	"	"	1	8
6	"	1	"	"	"	1	"	"	"	2	"
7	"	1	1	"	"	1	2	"	"	2	4
8	"	1	2	"	"	1	4	"	"	2	8
9	"	1	3	"	"	1	6	"	"	3	"
10	"	1	4	"	"	1	8	"	"	3	4
11	"	1	5	"	"	1	10	"	"	3	8
12	"	2	"	"	"	2	"	"	"	4	"
13	"	2	1	"	"	2	2	"	"	4	4
14	"	2	2	"	"	2	4	"	"	4	8
15	"	2	3	"	"	2	6	"	"	5	"

PIEDS Superficiels.		TOISES Courantes,			TOISES Superficielles.			TOISES Cubes.			
T.	P.	T.	P.	P.	T.	P.	P.	T.	P.	P.	L.
16	//	2	4	//	//	2	8	//	//	5	4
17	//	2	5	//	//	2	10	//	//	5	8
18	//	3	//	//	//	3	//	//	//	6	//
19	//	3	1	//	//	3	2	//	//	6	4
20	//	3	2	//	//	3	4	//	//	6	8
21	//	3	3	//	//	3	6	//	//	7	//
22	//	3	4	//	//	3	8	//	//	7	4
23	//	3	5	//	//	3	10	//	//	7	8
24	//	4	//	//	//	4	//	//	//	8	//
25	//	4	1	//	//	4	2	//	//	8	4
26	//	4	2	//	//	4	4	//	//	8	8
27	//	4	3	//	//	4	6	//	//	9	//
28	//	4	4	//	//	4	8	//	//	9	4
29	//	4	5	//	//	4	10	//	//	9	8
30	//	5	//	//	//	5	//	//	//	10	//
31	//	5	1	//	//	5	2	//	//	10	4
32	//	5	2	//	//	5	4	//	//	10	8
33	//	5	3	//	//	5	6	//	//	11	//
34	//	5	4	//	//	5	8	//	//	11	4
35	//	5	5	//	//	5	10	//	//	11	8
36	//	6	//	//	1	//	//	//	1	//	//
72	//	12	//	//	2	//	//	//	2	//	//
108	//	18	//	//	3	//	//	//	3	//	//
144	//	24	//	//	4	//	//	//	4	//	//
180	//	30	//	//	5	//	//	//	5	//	//
216	//	36	//	//	6	//	//	1	//	//	//
252	//	42	//	//	7	//	//	1	1	//	//
288	//	48	//	//	8	//	//	1	2	//	//
324	//	54	//	//	9	//	//	1	3	//	//
360	//	60	//	//	10	//	//	1	4	//	//
396	//	66	//	//	11	//	//	1	5	//	//
432	//	72	//	//	12	//	//	2	//	//	//
468	//	78	//	//	13	//	//	2	1	//	//
504	//	84	//	//	14	//	//	2	2	//	//

PIEDS Superficiels.		TOISES Courantes.			TOISES Superficielles.			TOISES Cubes.			
T.	P.	T.	P.	P.	T.	P.	P.	T.	P.	P	L.
540	//	90	//	//	15	//	//	2	3	//	//
576	//	96	//	//	16	//	//	2	4	//	//
612	//	102	//	//	17	//	//	2	5	//	//
648	//	108	//	//	18	//	//	3	//	//	//
684	//	114	//	//	19	//	//	3	1	//	//
720	//	120	//	//	20	//	//	3	2	//	//
756	//	126	//	//	21	//	//	3	3	//	//
792	//	132	//	//	22	//	//	3	4	//	//
828	//	138	//	//	23	//	//	3	5	//	//
864	//	144	//	//	24	//	//	4	//	//	//
900	//	150	//	//	25	//	//	4	1	//	//
936	//	156	//	//	26	//	//	4	2	//	//
972	//	162	//	//	27	//	//	4	3	//	//
1008	//	168	//	//	28	//	//	4	4	//	//
1044	//	174	//	//	29	//	//	4	5	//	//
1080	//	180	//	//	30	//	//	5	//	//	//
1116	//	186	//	//	31	//	//	5	1	//	//
1152	//	192	//	//	32	//	//	5	2	//	//
1188	//	198	//	//	33	//	//	5	3	//	//
1224	//	204	//	//	34	//	//	5	4	//	//
1260	//	210	//	//	35	//	//	5	5	//	//
1296	//	216	//	//	36	//	//	6	//	//	//
1332	//	222	//	//	37	//	//	6	1	//	//
1368	//	228	//	//	38	//	//	6	2	//	//
1404	//	234	//	//	39	//	//	6	3	//	//
1440	//	240	//	//	40	//	//	6	4	//	//
1476	//	246	//	//	41	//	//	6	5	//	//
1512	//	252	//	//	42	//	//	7	//	//	//
1548	//	258	//	//	43	//	//	7	1	//	//
1584	//	264	//	//	44	//	//	7	2	//	//
1620	//	270	//	//	45	//	//	7	3	//	//
1656	//	276	//	//	46	//	//	7	4	//	//
1692	//	282	//	//	47	//	//	7	5	//	//
1728	//	288	//	//	48	//	//	8	//	//	//

PIEDS Superficiels.		TOISES Courantes.			TOISES Superficielles.			TOISES Cubes.			
T.	P.	T.	P.	P.	T.	P.	P.	T.	P.	P.	L.
1764	//	294	//	//	49	//	//	8	1	//	//
1800	//	300	//	//	50	//	//	8	2	//	//
1836	//	306	//	//	51	//	//	8	3	//	//
1872	//	312	//	//	52		//	8	4	//	//
1908	//	318	//	//	53	//	//	8	5	//	//
1944	//	324	//	//	54	//	//	9	//	//	//
1980	//	330	//	//	55	//	//	9	1	//	//
2016	//	336	//	//	56	//	//	9	2	//	//
2052	//	342	//	//	57	//	//	9	3	//	//
2088	//	348	//	//	58	//	//	9	4	//	//
2124	//	354	//	//	59	//	//	9	5	//	//
2160	//	360	//	//	60	//	//	10	//	//	//
2196	//	366	//	//	61	//	//	10	1	//	//
2232	//	372	//	//	62	//	//	10	2	//	//
2268	//	378	//	//	63	//	//	10	3	//	//
2304	//	384	//	2	64	//	//	10	4	//	//
2340	//	390	//	//	65	//	//	10	5	//	//
2376	//	396	//	//	66	//	//	11	//	//	//
2412	//	402	//	//	67	//	//	11	1	//	//
2448	//	408	//	//	68	//	//	11	2	//	//
2484	//	414	//	//	69	//	//	11	3	//	//
2520	//	420	//	//	70	//	//	11	4	//	//
2556	//	426	//	//	71	//	//	11	5	//	//
2592	//	432	//	//	72	//	//	12	//	//	//
2628	//	438	//	//	73	//	//	12	1	//	//
2664	//	444	//	//	74	//	//	12	2	//	//
2700	//	450	//	//	75	//	//	12	3	//	//
2736	//	456	//	//	76	//	//	12	4	//	//
2772	//	462	//	//	77	//	//	12	5	//	//
2808	//	468	//	//	78	//	//	13	//	//	//
2844	//	474	//	//	79	//	//	13	1	//	//
2880	//	480	//	//	80	//	//	13	2	//	//
2916	//	486	//	//	81	//	//	13	3	//	//
2952	//	492	//	//	82	//	//	13	4	//	//

PIEDS Superficiels.		TOISES Courantes.			TOISES Superficielles.			TOISES Cubes.		
T.	P.	T.	P.	P.	T.	P.	P.	T.	P.	T.
2988	"	498	"	"	83	"	"	13	5	"
3024	"	504	"	"	84	"	"	14	"	"
3060	"	510	"	"	85	"	"	14	1	"
3096	"	516	"	"	86	"	"	14	2	"
3132	"	522	"	"	87	"	"	14	3	"
3168	"	528	"	"	88	"	"	14	4	"
3204	"	534	"	"	89	"	"	14	5	"
3240	"	540	"	"	90	"	"	15	"	"
3276	"	546	"	"	91	"	"	15	1	"
3312	"	552	"	"	92	"	"	15	2	"
3348	"	558	"	"	93	"	"	15	3	"
3384	"	564	"	"	94	"	"	15	4	"
3420	"	570	"	"	95	"	"	15	5	"
3456	"	576	"	"	96	"	"	16	"	"
3492	"	582	"	"	97	"	"	16	1	"
3528	"	588	"	"	98	"	"	16	2	"
3564	"	594	"	"	99	"	"	16	3	"
3600	"	600	"	"	100	"	"	16	4	"
3636	"	606	"	"	101	"	"	16	5	"
3672	"	612	"	"	102	"	"	17	"	"
3708	"	618	"	"	103	"	"	17	1	"
3744	"	624	"	"	104	"	"	17	2	"
3780	"	630	"	"	105	"	"	17	3	"
3816	"	636	"	"	106	"	"	17	4	"
3852	"	642	"	"	107	"	"	17	5	"
3888	"	648	"	"	108	"	"	18	"	"
3924	"	654	"	"	109	"	"	18	1	"
3960	"	660	"	"	110	"	"	18	2	"
3996	"	666	"	"	111	"	"	18	3	"
4032	"	672	"	"	112	"	"	18	4	"
4068	"	678	"	"	113	"	"	18	5	"
4104	"	684	"	"	114	"	"	19	"	"
4140	"	690	"	"	115	"	"	19	1	"
4176	"	696	"	"	116	"	"	19	2	"

PIEDS Superficiels.		TOISES Courantes.		TOISES Superficielles.			TOISES Cubes.			
P.	P.	T.	P.	T.	P.	P.	T.	P.	P.	L.
4212	//	702	//	117	//	//	19	3	//	//
4248	//	708	//	118	//	//	19	4	//	//
4284	//	714	//	119	//	//	19	5	//	//
4320	//	720	//	120	//	//	20	//	//	//
4356	//	726	//	121	//	//	20	1	//	//
4392	//	732	//	122	//	//	20	2	//	//
4428	//	738	//	123	//	//	20	3	//	//
4464	//	744	//	124	//	//	20	4	//	//
4500	//	750	//	125	//	//	20	5	//	//
4536	//	756	//	126	//	//	21	//	//	//
4572	//	762	//	127	//	//	21	1	//	//
4608	//	768	//	128	//	//	21	2	//	//
4644	//	774	//	129	//	//	21	3	//	//
4680	//	780	//	130	//	//	21	4	//	//
4716	//	786	//	131	//	//	21	5	//	//
4752	//	792	//	132	//	//	22	//	//	//

Regles d'appréciation, qui établit la maniere de connoître le ſuſdit tarif.

EXEMPLE.

Pour, d'une ſuperficie quelconque, ſuppoſée de cinq cents quatre-vingt-dix-ſept pieds ſix pouces, en trouver les toiſes courantes,

Il en faut prendre le ſixieme, & l'on aura quatre-vingt-dix-neuf toiſes trois pieds ſix pouces pour toiſes courantes, ci. . . . .

Toiſes courantes.
99 t. 3 p. 6 p.

Pour de cette même ſuperficie, en trouver les toiſes ſuperficielles,

Il faut prendre le ſixieme des

toiſes courantes, & l'on trouvera ſeize toiſes trois pieds ſept pouces pour toiſes ſuperficielles, ci. . . . Toiſes ſuperficielles. 16 t. 3 p. 7 p.

Pour, de cette même quantité de pieds ſuperficiels ſuppoſés en pied cubes, en trouver les toiſes cubes,

Il faut de même prendre le ſixieme des toiſes ſuperficielles, & l'on trouvera deux toiſes quatre pieds ſept pouces deux lignes cubes, ci. . . . . Toiſes cubes. 2 t. 4 p. 7 p. 2 l.

Opération.

	toiſes.	pieds.	p.	l.	
		597	6		de ſurface ſuppoſés.
$\frac{1}{6}$	99	3	6		toiſes courantes.
$\frac{1}{6}$	16	3	7		toiſes ſuperficielles.
$\frac{1}{6}$	2	4	7	2	toiſes cubes.

DÉMONSTRATION

Concernant les différens calculs en bâtimens.

LA plupart des Architectes & Entrepreneurs calculent ſuivant une ancienne & très-longue méthode, & ſe ſurchargent la mémoire; mais pour leur donner plus d'aiſance & de facilité, il eſt démontré ci-après une abréviation ſur une même baſe, pour tous calculs de toutes natures d'ouvrages quelconques.

Exemple, ſuivant l'ancien uſage & preſqu'ordinaire.

Pour, d'une ſuperficie (ſuppoſée de ſoixante pieds de

longueur sur cinquante sept pieds six pouces de largeur, multipliée l'une par l'autre), en trouver les toises courantes, la superficie est de trois mille quatre cents cinquante pieds divisés par six pieds, le produit est de cinq cents soixante-quinze toises courantes.

Opération.

pieds	pouces			
60		de longueur.		
57	6	de largeur.		
			430	
420			3450	pieds de surface.
300				575 toises courantes.
30			666	
3450		pieds de surface à diviser par 6.		

Même opération par abréviation, sans se servir de la division.

SAVOIR;

Il faut réduire en toises courantes les soixante pieds de longueur, qui donneront dix toises à multiplier par les pieds de largeur, le produit sera le requis comme dessus, de cinq cents soixante-quinze toises.

60 p. de longueur font.	10 t.
57 p. 6 pouces de large. . . .	57 p. 6 p.
	70
	505
Égalité.	575 toises courantes.

Autre opération.

Pour, de cette même surface, en trouver les toises

ſuperficielles, ſuivant l'ancien uſage, l'on diviſe les trois mille quatre cents cinquante pieds de ſurface par trente-ſix pieds à la toiſe; le produit au quotien ſe trouve de quatre-vingt-quinze toiſes & demie douze pieds.

EXEMPLE.

	3	
	21 0	
	3450	pieds de ſurface.
à diviſer par	366	95 t. ½ 12 p. de t. ſuperficielles.
	3	

Même opération par abréviation.

Il faut réduire les ſoixante pieds de longueur en toiſes courantes, ainſi que les cinquante-ſept pieds ſix pouces de large, les multiplier l'un par l'autre.

EXEMPLE.

	toiſes.	p.	po.
60 pieds de long font.	10		
57 pieds 6 pouces de large.	9	3	6
	90		
	5	5	
Surface comme deſſus. . .	95	5	

Autre opération.

Pour, de cette même ſurface, ſur neuf pieds de profondeur, en connoître les toiſes cubes, ſuivant l'ancien uſage, l'on multiplie cette ſurface par la profondeur, ce qui forme des pieds cubes à diviſer par deux centsſeize pieds à la toiſe cube ; l'on aura au quotien les toiſes, pieds, pouces & lignes cubes de cent quarante trois toiſes trois quarts.

EXEMPLE.

60 pieds de long.	1	
57 pieds $\frac{1}{2}$ de large.	08 6	
	0941 2	
420	31050	
300		143 t. $\frac{3}{4}$ cubes.
30	21666	
	211	
3450 p. de ſurface.	2	
9 p. de profondeur.		
31050 p. cubes à diviſer par 216 pieds.		

Abréviation de l'opération ci-deſſus.

Il faut de même meſurer la longueur par la largeur, réduite à toiſes courantes ſur la profondeur, à toiſes réduites *idem*, le produit ſera requis.

EXEMPLE.

	toiſes.	pieds.	p.
60 p. de longueur font.	10	//	//
57 p. 6 p. de large font.	9	3	6
	90	//	//
	5	5	//
Surface.	95	5	//
Sur 9 p. de profondeur fait. . . .	1	3	//
	95	5	//
	47	5	6
Cube, comme deſſus. . .	143	4	6

Calcul de la Charpente suivant l'ancien usage.

Pour un morceau de bois de vingt-quatre pieds de long sur douze pouces de grosseur, l'on multiplie la grosseur par elle-même; douze pouces par douze pouces produisent cent quarante-quatre pouces, à multiplier par quatre toises de longueur, produit cinq cents soixante-seize à diviser par soixante-douze pouces à la piece produit au quotien, huit pieces de bois.

E X E M P L E.

12 pouces.
12 pouces.

144 pouces de gros.
4 toises de longueur.

576 pouces à ce morceau de bois.

00
576 pouces.
——— 8 pieces de bois.
72

Abréviation.

Cette piece de bois, de douze pouces de gros, multipliés l'un par l'autre, produit cent quarante-quatre pouces de grosseur, ou deux toises; en en prenant le douxieme sur quatre toises de longueur à multiplier l'un par l'autre, produit huit pieces.

E X E M P L E.

4 toises de longueur.
2 toises de grosseur.

8 pieces. Egalité à ce que dessus.

Il est donc démontré qu'il faut connoître les pouces de grosseur quelconques, multiplier l'un par l'autre, en prendre le douxieme pour en faire des pieds, ensuite le sixieme pour en faire des toises ; à multiplier par les toises, pieds & pouces de longueur, l'on aura le produit des pieces, pieds, pouces, lignes & points, si l'on veut.

Autre opération sur même principe d'abréviation.

EXEMPLE.

Un morceau de 51 pieds 9 pouces de longueur produit 8 toises 3 pieds 9 pouces.

De 9 pieds & 10 pouces de grosseur, produit 90 pouces ou 1 toise 1 pied 6 pouces de grosseur.

A multiplier l'un par l'autre, produit. . . . . 10 piec. 4 p. 8 p. 3 l.

Abréviation.

toises.	pieds	pouc.	lig.	
8	3	9		de longueur, faisant 51 pieds 9 p.
1	1	6		de grosseur, faisant 90 pouces.
8	3	9		
2	0	11	3	
10 piec.	4	8	3	produit comme dessus.

Opération suivant l'ancien usage.

EXEMPLE.

90 pouces de grosseur.	05	
8 t. 3 p. 9 p. de longueur.	776	
		10 p. 4 p. 8 p. 3 l.
720	722	
45	7	
11 3 lig.		

776 p. 3 lignes de bois à diviser comme dessus par 72 pouces à la piece.

Il est prouvé que l'opération par abréviation est plus sensible que l'ancien usage, le tout fondé sur un même principe de calcul.

Enfin, toute superficie & cube sont fondés sur le même principe de calcul, devenant général, & fatigue moins les sens que l'ancien usage, dont la maniere de calculer differe sur chaque nature d'ouvrage.

Calcul de la Vitrerie.

Suivant l'ancien usage, supposé à plusieurs croisées, ensemble cent ving-trois carreaux de verre quelconque, de chacun neuf pouces de large sur treize pouces de hauteur, produisent chacun cent dix-sept pouces de superficie; à multiplier par les cent ving-trois carreaux, produisent ensemble quatorze mille trois cents quatre-vingt-onze pouces de superficie ; à diviser par cent quarante-quatre pouces au pied carré, l'on aura au quotien la quantité de quatre-vingt-dix-neuf pieds $\frac{3}{4}$ & vingt-sept pouces de verre.

EXEMPLE.

13
9

117 pouces pour un carreau.

pouces.
123 carreaux de verre.
117 chacun en superficie.

861
123
123

14391 pouces de surface.

13
143 5
14391 pouces surface.
99 p. $\frac{3}{4}$ & 27 p.
1444
14

Abréviation sur le principe général.

Il faut mettre les cent ving-trois carreaux de neuf pouces de large chacun à pied courant, faisant ensemble quatre-vingt douze pieds trois pouces de longueur sur treize pouces de hauteur, produisent ensemble quatre-vingt-dix-neuf pieds onze pouces trois lignes.

EXEMPLE.

123 carreaux.
de // 9 pouces chacun.

61 6
30 9

92 p. 3 p. de longueur.
1 1 de hauteur.

92 3
7 8 3

99 11 3 lig. superficiels de verre comme dessus.

Calcul de la Dorure.

La dorure eſt réduite de même au pied ſuperficiel, & ſe calcule ſur le même principe.

EXEMPLE.

La bordure du cadre d'un tableau ſuppoſé de quatorze pieds neuf pouces ſix lignes de pourtour ſur neuf pouces cinq lignes de profil, produit en ſuperficie onze pieds ſept pouces trois lignes cinq points ½.

Opération.

	pieds.	pouces.	lignes.	points.		
	14	9	6	"		de pourtour.
Sur		9	5	"		de profil.
Pour 6 pouc.	7	4	9	"		
2	2	5	7	"		
1	1	2	9	6		
4 lig.		4	11	2		
1		1	2	9	½	
	11	7	3	5	½	ſuperf. de cette bordure

Cette maniere de calculer devient générale pour toutes natures d'ouvrages, & plus facile que l'ancien uſage.

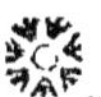

GÉOMÉTRIE-PRATIQUE.

Comme il y a tant d'auteurs qui ont traité à fond des principes de géométrie, on n'a pas cru devoir en traiter amplement ici, mais seulement en donner une idée pratique pour faciliter, sans une grande recherche, à toiser toute surface quelconque, nommée Planimétrie.

L'Altimétrie est la mesure en hauteur d'une maison, tour, clocher, pyramide & autres.

Longimétrie, c'est de mesurer en longueur, largeur, ou distance tant accessible qu'inaccessible.

Stéréométrie, c'est la mesure des corps solides & cubes par trois dimensions, longueur, largeur & hauteur.

Pour parvenir à ces opérations, il faut connoître les mesures.

SAVOIR;

Le pied de Paris contient douze pouces, le pouce douze lignes, la ligne douze points.

La toise contient six pieds.

Le pied carré en superficie plane contient douze pouces sur douze pouces, produit en superficie cent quarante-quatre pouces.

La toise courante contient en superficie six pieds sur un pied.

La toise superficielle contient six pieds sur six pieds, produit en superficie trente-six pieds.

La toise cube contient six pieds de long sur six pieds de large, & six pieds de hauteur ou profondeur, produit en cube deux cents seize pieds.

Le

Le pied cube contient douze pouces de long sur douze pouces de large & douze pouces de hauteur, produit en cube mille sept cents vingt-huit pouces, ainsi de toute autre mesure.

L'arpentage ou mesure des superficies planes des terres labourables, prés, vignes, bois & autres.

Les mesures sont inégales, & varient dans les différentes provinces.

A PARIS.

L'arpent est composé de cent perches.

La perche de dix-huit pieds sur dix-huit pieds, faisant neuf toises de surface chaque perche, & à l'arpent neuf cents toises de surface. (C'est la mesure la plus petite, de dix-huit pieds à la perche.)

Il y a des perches de dix-huit pieds carrés, de dix-neuf pieds quatre pouces, de vingt pieds, de vingt-deux pieds, de ving-quatre pieds & vingt huit pieds carrés.

Alors c'est se conformer aux différentes mesures.

L'arpent de ces différentes mesures est toujours de cent perches, pour regles générales.

Ayant expliqué ce que c'est que la géométrie, & l'ayant divisée en quatre principales parties, reste à traiter des définitions par lesquelles on apprend à discerner les divers sujets qui tombent sous la mesure, lesquels ont des formes diverses, comme triangles, carrés, parallélogrames ou rectangles, rombes, romboïdes, trapezes & trapézoïdes, cercles, ovalles, & autres superficies régulieres & irrégulieres, & qui vont être démontrées, suivant la pratique, par des regles fondamentales qui ne peuvent recevoir aucuns doutes, d'après les justes mesures.

DÉFINITION DE GÉOMÉTRIE.

Cote A, ligne droite, commençant par un point, & se terminant de même.

Cote B, ligne droite parallele.

Cote C, angle rectiligne, c'est l'inclinaison d'une ligne droite à une autre.

Cote D, quand une ligne droite, appellée perpendiculaire, tombe sur une autre ligne droite de niveau ou horisontale, représente un trait carré & forme deux angles droits de quatre-vingt dix degrés chacun, l'angle A représente un angle aigu ou oxique, moins ouvert qu'un angle droit. L'angle B C D, côté opposé, même figure, représente un angle obtus ou ambligone, plus ouvert qu'un angle droit.

Cote E, ligne courbe.

Cote F, ligne mixte, partie droite & partie courbe.

Cote G, angle curviligone, étant circulaire en plan des deux côtés.

Cote H, angle mixtiligne, ayant un côté droit & l'autre circulaire.

Deux lignes droites n'enferment point un espace.

Figure, est ce qui est enclos d'une ou de plusieurs lignes, comme le cercle, lequel est appellé circonférence, au milieu de laquelle est un point nommé centre, figure I.

A B, diametre du cercle, ligne droite passant par le centre, avec terminaison à la circonférence.

A B C, demi-cercle, est une figure comprise de la moitié de la circonférence.

A B C D, grand secteur du cercle, ayant deux demi-diametres & plus que la moitié de la circonférence.

A D, petit secteur, ayant *idem* deux demi-diametres, & moins que la demi-circonférence.

E F, portion de cercle composé d'une ligne droite ou corde, & d'une portion de circonférence plus grande ou plus petite que la moitié, figure K.

Cote L, se nomme ligne spirale.

Planimétrie.

Il y a six sortes de triangles nommés triangles équilatéral, isocelle, scalene, rectangles, ambligone & oxigone.

Figure premiere, représente un triangle équilatéral a trois, les trois côtés égaux, & les trois angles *idem*. Tout triangle quelconque en superficie est la moitié d'un carré.

Pour en avoir le toisé plane, il faut multiplier la longueur de la base A B par la moitié de la perpendiculaire C D; le produit de sa surface sera requis, ou la base par la perpendiculaire du produit, en prendre moitié.

Opération.

18 pieds de longueur de la base A B, ou 3 toises.
16 pieds, hauteur de la perpendiculaire C D, ou 2 4

6
2

Produit en superficie. 8

Figure 2, représente un triangle isocelle qui a deux côtés seulement égaux, ainsi que deux angles, se toise ou mesure en superficie, de même que le précédent.

Figure 3, représente un triangle scalene qui a trois côtés inégaux, deux angles aigus & un obtus ; pour en trouver la superficie, se mesure comme les précédens, la longueur de la longueur de la base C B, par moitié *idem* de la hauteur de la perpendiculaire A D.

Figure 4, représente un triangle rectangle ayant un angle droit & deux aigus, se mesure en surface *idem*, en multipliant la longueur de la base A B par la moitié de la perpendiculaire A C, ou la longueur B C, par la perpendiculaire A D.

Figure 5, représente un triangle ambligone ayant trois côtés inégaux, un angle obtus & deux aigus, la surface de même que dessus la longueur de la base B C, par moitié de la perpendiculaire A D.

Figure 6, représente un triangle oxigone, qui a les trois côtés inégaux & les trois angles aigus, se mesure de même que les précédens.

Autre proposition.

Si sur un emplacement quelconque, figure 7, représentant un triangle rectangle ou autre, il y eût empêchement de connoître la perpendiculaire C D, pour en toiser la superficie, il faut faire une autre opération, n'ayant, pour y parvenir, autre connoissance que les trois côtés A B de vingt-cinq toises de long, le côté B C de quinze toises, & C A de vingt toises : il faut additionner les trois côtés ensemble, qui produisent soixante toises de long, dont la moitié est de trente toises, il faut ôter 15 C B de 20 A C, reste 5, *idem*, de 25 reste 10, conséquemment 15, 10, 5 qu'il faut multiplier l'un par l'autre pour avoir au produit 750, lesquels multipliés par la moitié de la somme des côtés, qui est 30, le produit sera de 22500, dont la racine est quarré de cent cinquante toises pour la superficie de ce triangle comme de tout autre.

Opération.

	30	30	30
15	15	20	25
20			
25	15	10	5

60 longueur des trois côtés.
30 moitié de cette longueur.

15
10
―――
150
5
―――
750
30
―――
22500
―――

100
22500
――――― 150 toiſes, ſuperficie de ce triangle.
2500
3

Problême pour connoître la longueur de la perpendiculaire C D de ce triangle par calcul, ſans l'opérer n'y épurer, autrement dit le tracer.

Opération.

Il faut trouver la ſurface du carré fait de la ligne B C, de quinze toiſes ou quinze pieds, produit en ſuperficie 225, duquel faut ſouſtraire la ſurface du carré de l'éloignement de la perpendiculaire B D, lequel eſt de 9 pieds en carré, produit en ſurface quatre-vingt-un pieds; le ſurplus ſera la longueur de la perpendiculaire C D, après en avoir extrait la racine carrée, laquelle longueur de la perpendiculaire eſt de douze pieds.

Preuve.

225 ſurface du carré B C.
81 carré ou ſurface B D à ſouſtraire.

144 à extraire.

000
144 12 pieds, longueur de la perpendiculaire.
22

Obſervation.

Tout triangle a 180 degrés, moitié du cercle.

Propoſition inacceſſible pour meſurer la ſuperficie plane d'un triangle ſcalene ou oxigone, figure 8, ne connoiſſant que la longueur de la baſe ſuppoſée de quatre vingt pieds de long A B, & les degrés des deux angles de la baſe ; conſéquemment il eſt connu comme les degrés de l'autre angle inacceſſible ; ayant additionné les deux angles connus de la baſe B, ſoixante-quatorze degrés, A ſoixante-dix degrés de cent quatre-vingt, reſte pour le troiſieme angle trente-ſix. D'après cette opération il faut connoître la table des ſinus pour fixer la diſtance A D D B, où tombe la perpendiculaire, ainſi que la longueur de cette perpendiculaire, de même les longueurs B C & A C.

Opération.

Le ſinus de 36 degrés eſt de 58779.
Le ſinus de 70 degrés eſt de 93969.
Le ſinus de 74 degrés eſt de 96126.
Ces opérations ſe font par regles de trois.

Pour connoître la longueur B C, il faut dire ſi cinquante-huit mille ſept cents ſoixante-dix-neuf ſinus de trente-ſix degrés donnent quatre-vingt pieds de baſe, combien quatre-vingt-treize mille neuf cents ſoixante-neuf ſinus de ſoixante-dix degrés de l'angle A.

93969 ſinus de 70.
80 Baſe A B à multiplier par ce ſinus.

7517520 à diviſer par le ſinus de 36 degrés.

4
2
5
46408
1639647
7517520 — 127 p. longueur B C, réduits à 128 p. vu l'indiviſible pour éviter fraction.
5877999
58777
587

Même opération pour le côté oppoſé A C.

Si 58779 ſinus de 36 donnent 80 p. de baſe A B, combien 96126 ſinus de 74 degrés angle B.

96126 ſinus de 74
80 baſe AB.

7690080 à diviſer par le ſinus de 36.

04
8
8
1
18121
7690080 — 130 réduit à 131 pieds de longueur A C.
5877999
58777
587

Pour avoir la longueur de la perpendiculaire C D d'équerre à la base A B.

Opération.

Si cent mille sinus total de l'angle droit D de quatre-vingt-dix degrés donnent cent trente un pieds de longueur A C, combien le sinus de soxante-dix degrés de l'angle A de quatre-vingt treize mille neuf cents soixante neuf.

93969 sinus de 90 degrés.
131 longueur A C à multiplier par le sinus.

93969
281907
93969

12309939 à diviser par le sinus total.

000
12309939 123
132 p. de longueur de la perpendiculaire sans avoir égard à la fraction.
10000000
100000
1000

Si toutefois cependant l'on desiroit la perfection, il faudroit en faire des pouces.

EXEMPLE.

9939 pieds réduits en pouces.
12

119268 pouces à diviſer par le ſinus total.

0
119268
――――――― 1 pouce l'indiviſible à diviſer en lignes.
100000

19268
12

231216 à diviſer par le ſinus total.

231216
――――――― 2 lignes
100000 .

Il eſt démontré que l'indiviſible peu conſéquent ne mérite pas d'être ajouté à l'opération de la longueur de la perpendiculaire C D, d'ailleurs il peut ſe joindre ſi on le veut.

Pour trouver ſur la baſe la diſtance où tombe la perpendiculaire A D, l'angle droit à quatre-vingt-dix degrés, l'angle oppoſé ſoixante-dix degrés à ſouſtraire de quatre-vingt-dix degrés, reſte vingt degrés, dont le ſinus eſt de trente-quatre mille deux cents deux, & dire ſi cent mille ſinus total donnent cent trente-un pieds A C, combien le ſinus de vingt degrés.

34202 ſinus de 20 degrés.
131 longueur A C, à multiplier par ce ſinus.

34202
102606
34202

4480462 à diviſer par le ſinus total.

La diſtance A D eſt de quarante-cinq pieds réduits, & conſéquemment trente-cinq pieds de diſtance D B, enſemble quatre-vingt pieds de longueur de baſe.

Repréſentation.

L'on démontre ici la maniere inacceſſible de meſurer la ſuperficie plane d'un triangle ſcalene ou oxigone, ſuivant cette figure 8, par les ſinus des degrés des angles, d'après la connoiſſance fixée de la baſe A B, de quatre-vingt pieds de long. Mais pour opérer par les ſinus contenu en la table d'iceux faite par nos Auteurs, il faut ſavoir ce que c'eſt que ſinus.

Les ſinus ſont des lignes renfermées dans le cercle, & n'en ſortent point ; c'eſt la raiſon pour laquelle on les a nommés ſinus. Ce mot, en françois, ſignifie le ſein, & eſt ce qu'il y a de plus renfermé dans l'homme, ainſi les ſinus étant des lignes renfermées ou inſcrites, comme diſent les Aſtronomes, dans le cercle, elles peuvent, à juſte titre, porter le nom de ſinus.

Comme dans le ſein ſont renfermées les plus belles parties vitales, ainſi dans le cercle ſont les ſinus qui donnent la lumiere & produiſent au jour toutes les plus belles connoiſſances que les Mathématiques tirent par leur moyen.

Il n'eſt pas fait autre détail à ce ſujet, y ayant aſſez d'Auteurs qui en ont traité amplement.

Suite de la Planimétrie.

Figure 10, repréſente un quadrilaterte ou carré parfait; ſe meſure la longueur ſur la largeur pour en avoir la ſurface; la ligne ponctuée d'angle en angle ſe nomme diagonale: au moyen de cette diagonale, il eſt démontré que tout triangle n'eſt que la moitié d'un carré quelconque, ce carré ayant quatre angles droits de quatre-vingt-dix degrés chacun; enſemble trois cents ſoixante degrés comme dans le cercle.

Figure 11, repréſente un parallélograme rectangle ou carré long; ſe meſure de même que le précédent.

Figure 12, repréſente un rombe ou loſange qui a les quatre côtés égaux & paralleles, ayant deux angles égaux obtus oppoſés, & deux angles aigus auſſi oppoſés: les Géometres nomment auſſi cette figure parallélograme, ainſi que le romboïde, vu que tous les côtés oppoſés ſont paralleles.

Pour meſurer la ſuperficie plane de cette figure, il faut multiplier la longueur A D, faiſant baſe ſur la largeur parallele à cette baſe, ſuivant la ligne d'équerre ponctuée, & le produit ſera requis.

Opération.

30 pieds de longueur D A.
26 pieds de largeur D E.

180
60

780 pieds, ſurface de cette figure rombe.

Figure 13, repréſente un romboïde auſſi de quatre côtés paralleles, deux longs & deux courts, ayant deux angles obtus & deux aigus; ſe meſure comme la précedente figure; en multipliant la longueur A D par la perpendiculaire ponctuée B C, la superficie sera requise.

Figure 14, représente un trapeze ayant deux côtés paralleles, deux angles aigus & deux obtus; pour en trouver la superficie, il faut additionner la longueur A B, de trente pieds, avec celle C D, de vingt-deux pieds & du produit en prendre moitié, qui fait vingt-six pieds de longueur moyenne sur dix-huit pieds de large, suivant la ligne ponctuée E D, supposée de dix-huit pieds, produit en superficie quatre cents soixante-huit pieds ou treize toises superficielles.

Opération.

30 pieds de longueur A B.
22 pieds de longueur C D.

52 longueur totale.

26 longueur moyenne.
18 largeur.

208
26

468 surface requise.

Démonstration des toises superficielles, suivant l'abréviation ci-dessus.

SAVOIR;

26 pieds de longueur moyenne, ou. .	4 t. 2 p.
18 pieds de largeur, ou.	3 〃
Réduction à toise superficielle. . . .	13 〃

Figure 15, se nomme trapézoïde; il n'y a aucun angle droit, ni ligne parallele : pour en trouver la superficie, il faut la diviser en deux triangles; en prenant la ligne diagonale A C pour base par les deux perpendiculaires ponctuées B D, comme les précédentes figures, sans qu'il soit nécessaire d'en faire ici l'opération.

Figure 16, se nomme poligone irrégulier, ou figure rectiligne, n'ayant aucun angle ni côtés égaux; ils se mesurent tous en les réduisant en triangles, & prenant la superficie d'un chacun comme dessus, particuliérement additionner les six ensemble, le total d'iceux sera la superficie requise de ladite figure sans qu'il soit besoin d'autre détail, étant suffisamment démontré en ce que dessus.

Poligone réguliers.

Figure 17, est un pentagone régulier à cinq côtés: pour en mesurer la superficie, il faut additionner le pourtour de ces cinq côtés, de chacun quinze pieds, ensemble soixante-quinze pieds de pourtour sur six pieds réduit de hauteur, moitié de la perpendiculaire C D, produit, en superficie totale, quatre cents cinquante pieds, qu'il faut réduire en toises superficielles.

EXEMPLE.

75 pieds de pourtour, ou.	12 t.	3 p.
6 pieds réduits de haut, ou. . . .	1	//
Surface de ce poligone.	12	3

Figure 18, a six côtés, se nomme exagone, & se mesure en superficie de même que dessus.

Figure 19, a sept côtés, se nomme eptagone, & se mesure en superficie de même que dessus.

Maniere de trouver la distribution de ces différens poligones sans être obligé de compasser la circonférence du cercle qui les renferme.

1°. Au pentagone, le cercle étant tracé, diviser

le demi-diametre en deux parties égales E F G du point F, poſer la pointe du compas, & l'ouvrir juſqu'à la rencontre du diamètre H, faire une portion de cercle juſques ſur le demi-diametre I, tracer la corde I H; la longueur d'icelle eſt la cinquieme partie de la circonférence du cercle, & meſure d'un des cinq côtés pour figurer ce plan pentagone.

2°. Pour l'exagone, figure de ſix côtés, le demi-diametre du cercle qui le renferme fait la ſixieme partie de cette figure, & meſure d'un de ces ſix côtés.

3°. Pour l'eptagone, figure de ſept côtés, le cercle étant tracé, il faut le demi-diametre E B, & du point B ſur le cercle poſer pointe du compas, l'ouvrir juſqu'au centre du cercle & faire une portion de cercle de cette ouverture juſqu'à la rencontre de la circonférence A D, tracer la corde à l'interſection A D, poſer la pointe du compas au point D, l'ouvrir juſqu'au point E, & faire la ſection E C, & la diſtance C D fait la ſeptieme partie de la circonférence & un des côtés de cette figure.

Figure 20, ayant huit côtés égaux, ſe nomme octogone, & ſe meſure en ſuperficie de même que deſſus.

Pour fixer un des huit côtés comme deſſus, ſans grande recherche ſur la circonférence totale, il faut diviſer le demi-diametre en quatre parties égales, dont trois parties, ou les trois quarts du diametre A B, ſont la huitieme partie de la circonférence, & un des côtés de cette figure.

Figure, 21 ayant neuf côtés égaux, ſe nomme énéagone, & ſe meſure en ſuperficie de même que deſſus.

Pour fixer *idem* la meſure ou dimenſion d'un des pans ou côtés ſans recherche *idem* ſur la circonférence du cercle total, il faut diviſer le demi-diametre en trois parties égales, poſer la pointe du compas au point B, avec ouverture au point A, deux tiers du demi-diametre & sectionner jusqu'au point C, & la distance ou corde B C, fait la neuvieme partie de la circonférence, & un des côtés de cette figure.

Figure 22, décagone régulier, ayant dix côtés égaux, se mesure en superficie de même que dessus.

Pour fixer *idem* la mesure ou dimension d'un des pans ou côtés, sans recherche sur la circonférence totale du cercle, il faut diviser le demi-diametre en deux parties égales A B C, poser la pointe du compas en C, l'ouvrir jusqu'en D, & faire une section ou portion de cercle D E, diviser la corde en deux parties égales D E F, moitié de cette corde fait la dixieme partie de la circonférence, & un des côtés de cette figure.

Figure 23 en décagone régulier, ayant onze côtés égaux, se mesure en superficie de même que dessus.

Pour fixer *idem* la mesure ou dimention d'un des pans ou côtés de ce plan en décagone régulier, sans recherche sur la circonférence total du cercle; il faut diviser le demi-diametre en trois parties égales ou en neuf parties, poser la pointe du compas A, l'ouvrir jusqu'en B, cinquieme partie, faire une section B C, la distance ou corde, A C fait la onzieme partie de la circonférence, & un des côtés de cette figure.

Figure 24, dodécagone, ayant douze cotés égaux, se mesure en superficie de même que dessus.

Pour fixer *idem* la mesure ou dimension d'un des pans ou côtés de ce dodécagone, sans être obligé de pointer la circonférence du cercle, il faut diviser le demi-diametre en deux parties égales A C, poser la pointe du compas A, l'ouvrir jusqu'au point C, faire une section B C, la corde A B ou distance A C fait la douzieme partie de la circonférence & un des côtés de cette figure.

DE LA SUPERFICIE PLANE DU CERCLE.

Premiere demonſtration, figure 25.

Il faut trouver la circonférence en multipliant le diametre par trois & un ſeptieme, ſelon Archimede, produit ſoixante-ſix pieds de circonférence ; à multiplier par le quart du diametre, la ſuperficie ſera requiſe.

Opération.

21 pieds de diametre à multiplier par
 3 $\frac{1}{7}$

63
 3

66 pieds de circonférence.
 5 3 quart du diametre.

330
 16 6 pouces

340 6 ſuperficie requiſe.

Autre maniere pour même opération.

Multiplier le diametre par lui-même, produit quatre cents quarante-un pieds de ſurface d'un carré imaginaire, faire une regle de trois, & dire, ſi quatorze eſt à onze, combien quatre cents quarante-un ?

441

441	00	
11	069 7	
	4851	
441	1444	346 p. 6 p. ou $\frac{7}{14}$
441	11	égalité.

4851 à diviser par 14 pour en avoir la surface, comme dessus.

Autre maniere pour même superficie.

Il faut de même multiplier le diametre vingt-un pieds par lui-même, produit en surface d'un carré imaginaire quatre cents quararante-un pieds ; de ce produit en prendre moitié, quart, & du quart en prendre lé septieme, additionner ces $\frac{3}{4}$ & $\frac{1}{7}$ ensemble, la superficie sera requise comme dessus.

Opération.

21 diametre
21

21
42

441 surface du carré imaginaire.

$\frac{1}{2}$	220	6
$\frac{1}{4}$	110	3
$\frac{1}{7}$	15	9
	346	6 surface plane de ce cercle, comme dessus pour abréviation.

Autre maniere.

Multiplier le diametre de vingt-un pieds par soixante-ſix, circonférence du produit, en prendre le quart lequel ſera la ſuperficie requiſe.

Opération.

21
66
126
126
1386
¼ 346 p. 6 ſurface.

Du cercle, figure 26.

Le cercle eſt un plan terminé par une ſeule ligne appellée circonférence, dont le point B ſe nomme centre.

La ligne A F ſe nomme diametre, A B, demi-diametre, B E, corde, D E F, arc ou portion du cercle, D B E, ſecteur du cercle, *idem* A B C, l'un grand, l'autre petit, A B, rayon ou demi-diametre, toutes les fois qu'ils tendent au centre.

Opération.

Pour trouver la ſuperficie plane du ſecteur B D E F, il faut faire l'opération ſuivante.

Tout cercle contient trois cents ſoixante degrés, lequel cercle de vingt-un pieds de diametre, produit comme deſſus, en ſuperficie, trois cents quarante-ſix pieds ſix pouces, conſéquemment dire ſi trois cents ſoixante degrés contenus au cercle, donnent trois cents quarante-ſix pieds ſix pouces de ſurface, combien cinquante degrés ſuppoſés du ſecteur, ſa ſuperficie ſera requiſe.

EXEMPLE.

Si 360 donnent 346 pieds 6 pouces combien 50 degrés?

50

17300
25

17325 à diviser par 360.

0
45
292
17325

3600 48 p. 1 p 6 lig. de surface pour ce secteur.
36

180
540

360 1 pouce.

00
2160
360 6 lignes.

Et s'il n'étoit proposé à mesurer que la portion de cercle contenue entre la corde & l'arc, il seroit déduit sur la superficie, a portion triangulaire B D E, le surplus sera requis.

De l'ovale, appellé élipse, figure 27.

La superficie de l'ovale est à la superficie d'un cercle comme le grand axe est au petit axe; pour avoir superficie il faut trouver la superficie du cercle fait du petit axe, augmenter cette superficie en proportionnel du grand au petit axe.

EXEMPLE.

Le petit axe A B, de trente-cinq pieds, la surface est de neuf cents soixante-deux pieds six pouces ; il faut faire une regle de proportion, & dire, trente-cinq donnent neuf cents soixante-deux pieds six pouces, combien cinquante ? Le produit requis sera de treize cents soixante-quinze pieds pour la superficie requise de cette élipse.

Opération.

35 pieds petit axe.
35 à multiplier par lui-même.

175
105

1225 surface du carré imaginaire.

612 6 moitié.
306 3 quart dudit carré imaginaire.
43 9 septieme du quart.

962 6 surface plane du cercle du petit axe.

Deuxieme opération pour trouver la surface totale de cette élipse.

Si 35 pieds diametre du petit axe donnent. . . . . 962 pied. 6 pouces.
Combien 50 grand axe. . 50

48100
25

48125 à diviser par 35 pied.

210
13670
48125

35555 1375 pieds surface plane de l'élipse.
333

Autre methode.

Multiplier trente-cinq par cinquante : ſuivant cette deuxieme opération, la ſuperficie du carré imaginaire ſera comme deſſus.

Opération.

35		
50		
1750		carré imaginaire
875		moitié.
437	6	quart.
62	6	ſeptieme.
1375	″.	égalité & ſurface de cette élipſe.

Autre méthode pour trouver la ſuperficie de cette même ovale.

35	pieds petit axe.
50	grand axe; multiplier l'un par l'autre.
1750	ſurface du carré imaginaire.

Faire une regle de proportion, & dire, comme 14 eſt à 11, combien. . 1750 ſuſdite ſurface.
A multiplier par. 11

1750
1750

19250 à diviſer par 14, le quotien donnera la ſuperficie requiſe de l'ovale.

EXEMPLE.

100
05070
19250
———
14444 1375 pieds superficie comme dessus.
111

Figure 28.

Ovale comme la précédente en mesure. Pour parvenir au développement pratique, & en trouver la superficie d'une autre maniere, avec preuve démontrée ci-après, le grand axe A B, de cinquante pieds, le petit axe C D, de trente-cinq pieds, l'ouverture de l'angle E, de cent dix-neuf degrés, de même F, lesquelles représentent deux portions de cercle ayant pour diametre vingt-neuf pieds.

L'ouverture de l'angle D ou C, de soixante-un degrés, ayant pour diametre soixante-dix pieds.

Pour connoître la surface plane de cette ovale, il faut trouver la superficie de chaque portion de cercle du grand axe A F E B, par la surface totale du cercle, & dire, si trois cents soixante degrés, total du cercle en tiers, donnent six cents soixante-un pieds, combien cent dix-neuf degrés connus, l'on trouvera pour chacune de ces deux portions deux cents dix-huit pieds six pouces de surface, ensemble quatre cents trente-sept pieds.

De même, la superficie des deux autres portions du petit axe D G H, de soixante-un degrés, & de même l'opposé C I K, par le diametre, de soixante-dix pieds, opérer comme dessus, & dire, si trois cents soixante degrés donnent trois mille huit cents cinquante pieds, combien soixante-un degrés; l'on trouvera pour chacune de ces deux portions ſix cents cinquante-deux pieds quatre pouces de ſurface, enſemble treize cents quatre pieds huit pouces ; & de ces quatre ſurfaces en déduire la ſuperficie des deux triangles, E C F & E F D, le ſurplus ſera la ſuperſicie de l'aire de ces deux portions du cercle du petit axe de neuf cents trente-huit pieds, qui, avec les deux portions du grand axe de quatre cents trente-ſept pieds, produiſent enſemble mille trois cents ſoixante-quinze pieds, ſurface totale de cette ovale.

Opération.

29 pieds diametre du grand axe
29 à multiplier par lui-même.

261
58

841 pieds ſurface du carré imaginaire.

$\frac{1}{2}$ 420. 6
$\frac{1}{4}$ 210 3
$\frac{1}{7}$ 30 $\frac{3}{7}$

661 9 $\frac{3}{7}$ réduit à l'entier pour éviter fraction, faiſant la ſurface du cercle entier.

Si 360 donnent 661 p. combien 119 degrés,
119

5949
661
661

78659 à diviſer par 360 degrés.

1
30⁷
0665⁹
78659

36000 218 p. 5 8 ſurface d'une portion.
366 218 5 8 autre portion.
3 437 " " ſurface de ces deux portions.

```
 348
2148
----
 360   5        70 pieds grand axe.
                70
              -----
 096
2976           4900 pieds surface du carré imaginaire.
----          -----
 360   8    1/2  2450
            1/4  1225
            1/7   175
              -----
               3850 surface du cercle entier.
              -----
```

Si 360 donnent 3850, combien 61 degrés.

```
                         61
                       -----
                        3850
                       23100
      1                ------
     083               234850 à diviser par 360.
    1885⁰              ------
   234850
   ------
   36000     652 p.  4  4 surface d'une portion.
    366      652     4  4 autre portion.
     3       ----------------
            1304     8  8 surface des deux portions.
            ----------------
    120
   1560
   ----
    360   4 pouces

    000
   1440
   ----   4 lignes.
    360
```

Sera déduit fur ces deux dernieres portions la fuperficie des deux triangles, enfemble vingt pieds fur dix-huit pieds trois pouces, produifent enfemble trois cents foixante-fix pieds de furface.

Surface de ces deux dernieres portions.	1304 pieds.
A déduire.	366
Surface réelle de ces deux portions. .	938
Surface des deux premieres portions. .	437
Surface de cette ovale comme deffus. .	1375 pieds.

Méthode pour toifer jufte la circonférence de la fufdite ovale.

70 pieds diametre du petit axe.
par 3 $\frac{1}{7}$ felon Archimede.

210
10

220 circonférence du petit axe.

Opération

Si 360 degrés donnent 220 pieds de circonférence, combien. . . . . 61 degrés.

220
1320

13420 à divifer par 360.

10
2620
13420

3600 37 p. 3 p. 4 lig. circonférence d'une portion.
36 37 3 4 autre portion.

74 6 8 les deux enfemble.

120			
1200			
360	3	29	pieds de diametre, grand axe.
		3 $\frac{1}{7}$	multiplier comme dessus.
000			
1440		87	
		4 $\frac{1}{7}$	
360	4		
		91 $\frac{1}{7}$	circonférence.

Si 360 donnent 91 p. $\frac{1}{7}$ combien 119 degrés.

004		119	
10846		819	
3600	30 p.	91	
36		9117	
		10846	à diviser par 360.
192			
552			
360	1 pouce.		

30 p.	1 p.	6. l.	circonférence d'une portion.
30	1	6	autre portion.
60	3	"	les deux ensemble.

044
2204
360 6 lignes.

Il est démontré ci-dessus que la circonférence des deux portions du cercle du petit axe contiennent . . . . 74 p. 6. p. 8 l.

Les deux autres portions du grand axe, ensemble. . . . . 60 3 "

Circonférence totale de cette ovale. 134 9 8

Abréviation pratique pour trouver la superficie de cette ovale.

Il faut additionner les deux diametres ensemble, & du produit en prendre moitié, pour en faire un diametre proportionnel.

EXEMPLE.

	50		pieds d'un côté.
&	35		de l'autre.
	85		ensemble.
$\frac{1}{2}$	42	6	diametre proportionnel à multiplier
par	3	$\frac{1}{7}$	selon les hauteurs.
	127	6	
	6	" $\frac{6}{7}$	
	133	6 $\frac{6}{7}$	circonférence pratique.

C'est quinze pouces environ de moins sur la circonférence.

Proposition d'une superficie quelconque, supposée de neuf cents soixante-deux pieds six pouces à renfermer dans dans un cercle, combien ce cercle aura-t-il de diametre?

Pour faire cette opération, il faut multiplier cette surface par quatorze, qui donnera treize mille quatre cents soixante-quinze, qu'il faut diviser par onze; il se trouvera au quotient douze cents vingt-cinq, qu'il faudra extraire par la racine carrée; il se trouvera au quotient trente-cinq pieds pour diametre de la susdite superficie.

Opération.

962 p. 6 p. surface proposée.
14 multipliés.

3848
9627

13475 à diviser par 11.

000
02250
13475

11111 1225 à extraire par la racine carrée.
111

300
1225

365 35 pieds diametre du cercle proportionné à cette surface proposée.

Le développement de la derniere ovale, figure 28, démontre la facilité de toiser toute portion quelconque.

Autre opération pour toiser la superficie plane de toute parabole, selon Archimede, figure 29.

Ladite parabole contient trente pieds de longueur de base sur quarante-deux pieds de hauteur de la perpendiculaire, produit en superficie douze cents soixante pieds, dont il faut déduire un tiers d'icelle pour le vuide de l'équarrissement A, de quatre cents vingt pieds de surface; le surplus de la surface requise de cette parabole est de huit cents quarante pieds deux pouces, mesurer la perpendiculaire par les deux tiers de la base.

Premiere opération.

```
   30 p. base
   42    perpendiculaire.
------------
   60
  120
------------
  1260 pieds surface totale, à déduire le tiers.
1/3  420
------------
   840 surface de cette parabole.
```

Deuxieme opération.

```
 42 pieds      hauteur de la perpendiculaire.
 20            deux tiers de la base.
------------
 840           idem, surface de ladite parabole.
------------
```

Méthode pour mesurer la superficie des corps solides.

Pour mesurer la superficie convexe d'un cylindre droit, figure 30.

Il faut mesurer la circonférence de soixante-six pieds sur dix-huit pieds de hauteur, produit en superficie requise onze cents quatre-vingt-huit pieds ou onze toises de circonférence sur trois toises de hauteur; le produit requis sera de trente-trois toises superficielles.

Pour mesurer la superficie convexe d'un cylindre ayant pour plan le diametre comme le précédent, & oblique au sommet, figure 31.

Il faut trouver la circonférence de soixante-six pieds sur dix-neuf pieds six pouces de hauteur réduit moyenne, ayant dix-huit pieds d'un côté & vingt-un pieds de l'autre, ensemble trente-neuf pieds de hauteur; la moitié eſt de dix-neuf pieds ſix pouces de hauteur comme deſſus, produit en ſuperficie, douze cents quatre vingt-ſept pieds, ou trente-cinq toiſes quatre pieds ſix pouces ſuperficieles, ayant onze toiſes de circonférence, ſur trois toiſes un pied ſix pouces de hauteur réduit.

Pour meſurer la ſuperficie convexe d'un cône droit, figure 32.

La circonférence du bas, de ſoixante-ſix pieds de circonférence ayant de même vingt-un pieds de diametre en plan ſur dix-neuf pieds réduit de hauteur, moitié de la ligne d'inclinaiſon A B, produit en ſuperficie douze cents cinquante-quatre pieds, ou multiplier onze toiſes de circonférence par trois toiſes un pied de hauteur réduit; la ſurface requiſe ſera de trente-quatre toiſes cinq pieds à toiſe ſuperficielle.

Pour meſurer la ſuperficie convexe d'un cône oblique étant incliné ſur ſa baſe, ſuivant la figure 33.

Le diametre de vingt-un pieds produit ſoixante-ſix pieds de circonférence ſur moitié des lignes d'inclinaiſons en moyenne proportionnelle, A C de vingt-quatre pieds, B C de trente pieds, enſemble cinquante-quatre pieds, dont la moitié d'icelle eſt de vingt-ſept pieds proportionnel, & la moitié de vingt-ſept pieds eſt de treize pieds ſix pouces à multiplier par ſoixante-ſix pieds de circonférence; le produit requis ſera de huit cents quatre-vingt-onze pieds de ſurface, ou onze toiſes de circonférence, par deux toiſes un pieds ſix pouces de hauteur moyenne, produit en toiſes ſuperficielles vingt-quatre toiſes quatre pieds ſix pouces.

Pour meſurer la ſuperficie convexe d'un cône droit tronqué, figure 34.

Le diametre de la baſe de vingt-un pieds produit ſoixante-ſix pieds de circonférence; le diametre de la la partie tronquée au ſommet de ſept pieds, produit vingt-deux pieds de circonférence ; additionner les deux enſemble, produiſent quatre-vingt-huit pieds de circonférence, dont la moitié proportionnelle eſt de quarante-quatre pieds à multiplier par le côté A B de vingt-un pieds de hauteur, produit en ſuperficie neuf cents vingt-quatre pieds, ou pour en avoir les toiſes ſuperficielle, ſept toiſes deux pieds de circonférence moyenne par trois toiſes trois pieds de hauteur, produit vingt-cinq toiſes quatre pieds.

Pour meſurer la ſuperficie convexe d'un cône oblique à ſa baſe, & tronqué, figure 35.

Le diametre de la baſe de vingt-un pieds produit ſoixante-ſix pieds de circonférence; le diametre de la partie tronquée au ſommet de ſept pieds, produit vingt-deux pieds de circonférence, produiſent les deux enſemble quatre-vingt huit pieds, dont la moitié proportionnelle eſt de quarante-quatre pieds de circonférence; à multiplier par dix-neuf pieds ſix pouces, moitié des deux côtés A B C D, enſemble trente-neuf pieds, le produit ſera de huit cents cinquante-huit pieds de ſurface, ou ſept toiſes deux pieds de circonférence moyenne, par trois toiſes un pied ſix pouces de hauteur réduit, produit vingt-trois toiſes cinq pieds de ſurface.

Pour meſurer la ſuperficie convexe d'une ſphere, figure 36.

Le diametre du cercle de vingt-un pieds, produit en circonférence ſoixante-ſix pieds ; il faut multiplier cette circonférence par le diametre, & l'on trouvera pour la ſuperficie requiſe, treize cents quatre-vingt-ſix pieds ; & pour en avoir les toiſes ſuperficielles, multiplier onze toiſes de circonférence par trois toiſes trois pieds de diametre, l'on trouvera trente-huit toiſes & demie.

Autre maniere.

Multiplier le diametre par lui-meme, le produit ſera de quatre cents quarante-un pieds; à multiplier par trois & un ſeptieme, le produit ſera de treize cents quatre-vingt-ſix pieds comme deſſus.

Opération.

	21	diametre.
	21	
	21	
	42	
	441	ſurface du carré imaginaire à multiplier
par	$3\ \frac{1}{7}$	
	1323	
	63	
	1386	ſurface de cette ſphere, comme deſſus.

Pour meſurer la ſurperficie convexe d'une portion de ſphere, figure 37.

Il faut faire une regle de proportion, & dire, comme le diametre de la ſphere eſt à la ſuperficie totale d'icelle, la hauteur de la portion eſt à la ſuperficie de la même portion.

EXEMPLE.

21 pieds diametre total de la ſphere.
1386 pieds ſuperficie.
7 pieds hauteur de la portion A B.

Si

Si 21 pieds donnent 1386 pieds,
combien 7

9702 à diviser par 21 pieds.

00
1340
9702
2111 462 pieds surface requise de cette portion.
22

Autre maniere.

Il faut multiplier le diametre entier de la sphère de vingt-un pieds par sept pieds, hauteur de la portion le produit sera de cent quarante-sept pieds; l'on aura un rectangle à multiplier par trois pieds un septieme, la superficie sera requise.

EXEMPLE.

21 pieds diametre.
7 hauteur de la portion à multiplier.

147 surface du rectangle à multiplier.
par 3 $\frac{1}{7}$

441
21

462 surface de cette portion conmme dessus.

Pour mesurer la superficie convexe d'une sphéroïde supposée de trente-cinq pieds de diametre au petit axe, & cinquante pieds au grand axe.

Il faut connoître la circonférence du petit axe de trente-cinq pieds, lequel produit en superficie convexe trois mille huit cents cinquante pieds, & dire, par une regle de proportion, si trente-cinq diametre,

Q

du petit axe, égale cinquante, diametre du grand axe, combien trois mille huit cents cinquante au troisieme terme, ſuperficie convexe du petit axe.

Opération.

Si 35 égale 50, combien 3850

50

192500

0
170
192500

355 5500 pieds, ſuperficie convexe de cette ſphéroïde.
3

5500 pieds ſuperficiels réduits en toiſes courantes.
$\frac{1}{6}$ 916 toiſes 4 pieds toiſes courantes.
$\frac{1}{6}$ 152 toiſes 4 pieds 8 pouces ſuperficielles de cette ſphéroïde.

L'on peut meſurer par cette régle toute autre partie que la moitié d'une ſphéroïde concave ou convexe, d'autant qu'il y a même proportion à la ſuperficie de la ſphère par le diametre du petit axe, vu que le petit axe eſt au grand axe.

Convexe eſt la ſuperficie extérieur de la ſphère.

Concave eſt l'intérieure.

Stéréométrie cube, ou meſures des corps ſolides.

Solide eſt un corps ou figure qui a longueur, largeur & profondeur.

Propoſition, premiere figure 39.

Ladite figure contient deux cents ſeize pieds cubes, ou une toiſe cube, ayant ſix pieds de long ſur ſix pieds de large, & ſix pieds de hauteur ou profondeur.

Opération.

6 pieds de long.
6 pieds de large.

---

36 pieds de ſuperficie plane.
6 pieds de hauteur.

---

216 pieds cubes, ou toiſe cube.
$\frac{1}{6}$ 36 toiſes courantes.
$\frac{1}{6}$ 6 toiſes ſuperficielles.
$\frac{1}{6}$ 1 toiſe cube en ladite figure.

Un parallelograme rectangle ou carré long ſe meſure ſuivant le même principe.

Si de telle figure quelconque il ſe trouvoit d'inégales hauteur ou profondeur, il faudroit les meſurer toutes à diſtance égale, les additionner enſemble, ſuppoſé qu'il y en ait huit du produit d'icelle, en prendre le huitieme, ce ſera la hauteur proportionnelle à multiplier par la ſurface du plan ou baſe, le le produit du cube ſera requis.

Deuxieme propoſition, figure 40, repréſentant le toiſé du cube d'un prime triangulaire équilateral.

Pour meſurer ce prime, il faut trouver la ſuperficie plane de la baſe, ſuppoſée de ſoixante-ſix pieds, à multiplier par ſa hauteur de quinze pieds, l'on trouvera quatre toises trois pieds six pouces cubes pour la solidité requise.

Opération.

66 pieds surface de la base ou plan.
15 pieds hauteur.

330
66

990 pieds surface de ce prime à réduire en toises superficielles.
165 t. toises courantes.
27 t. 3 p. toises superficielles.
4 t. 3 p. 6 p. cubes de ce prime.

Tous les autres primes quelconques, dont les bases auront d'autres figures paralleles & perpendiculaires aux côtés, seront mesurés suivant le même principe, soit rhombes, rhomboïde, trapèze, trapézoïde, pentagone, exagone, ép agone, & autres réguliers & irréguliers, démontrés ci-devant en la planimétrie, ainsi que le cylindre pour une colonne ou fouille de terre d'un puits, bassin, &c.

Troisieme proposition, figure 41, représentant un prime triangulaire oblique dont les bases & les côtés sont paralleles entre eux, mais les bases sont obliques sur les côtés.

EXEMPLE.

Pour la mesurer, il faut, de l'extrémité de l'une des bases, faire tomber une perpendiculaire sur l'autre, multiplier la hauteur d'icelle par la superficie de la base ou plan supposé comme dessus, de soixante-six pieds de superficie en plan, sur treize pieds de hauteur de la perpendiculaire, produit en cube huit cents cinquante-huit pieds.

Opération.

66 pieds surface de la base.
13 hauteur de la perpendiculaire.

198
66

---

858 pieds cubes de ce prime oblique, en trouver le cube en toise, &c.
$\frac{1}{6}$ 143 t. toises courantes.
$\frac{1}{6}$ 23 5 p. toises superficielles.
$\frac{1}{6}$ 3 5 10 p. toises pieds & pouces cubes de ce prime.

Tout prime & cylindre oblique se mesure suivant ce principe.

Quatrieme proposition, figure 42, représentant une pyramide à-plomb triangulaire.

EXEMPLE.

Pour mesurer & trouver le solide de cette pyramide, il faut noter qu'elle est la troisieme partie du prime, ayant même base & même hauteur; il faut multiplier la base, supposée de soixante-six pieds, par le tiers de la hauteur, qui est cinq pieds, ayant en total quinze pieds, la solidité requise sera de trois cents trente pieds.

Opération.

66 pieds surface de la base.
5 pieds tiers de la hauteur.

330 pieds cubes de cette pyramide, en trouver les toises, pieds & pouces cubes.

$\frac{1}{6}$	55 toises	toises courantes.
$\frac{1}{6}$	9 t. 1 pieds	toises superficielles.
$\frac{1}{6}$	1 t. 3 p. 2 p.	toises, pieds & pouces cubes.

Toute pyramide à-plomb, de telle figure quelconque, se mesure suivant ce principe.

Cinquieme proposition, figure 43, représentant une pyramide oblique ayant pour base ou plan une figure quadrilatere ou carré parfait.

EXEMPLE.

Pour mesurer & trouver le solide de cette pyramide, il faut multiplier la superficie de la base, qui est de cent quarante-quatre pieds sur cinq pieds de hauteur, tiers de la hauteur de la perpendiculaire à-plomb du sommet, jusque sur la base A B, le cube requis sera de sept cents vingt pieds.

Opération.

144 pieds surface de la base ou plan.
5 pieds de hauteur, tiers de la hauteur de la perpendiculaire.

720 pieds cubes de cette pyramide oblique à réduire en toises, pieds & pouces.

$\frac{1}{6}$	120	toises courantes.
$\frac{1}{6}$	20	toises superficielles.
$\frac{1}{6}$	3 t. 2 p.	toises & pieds cubes de cette pyramide.

Même principe pour toute autre pyramide & cônes obliques, figure 44.

Sixieme propoſition, figure 45, repréſentant une pyramide tronquée, parallele à ſa baſe, ayant pour baſe ou plan une figure quadrilatere.

EXEMPLE.

Pour meſurer & trouver le ſolide de cette pyramide tronquée, il faut de même multiplier la ſuperficie de la baſe ou plan, ſuppoſée de cent quarante quatre pieds, par le tiers de la hauteur totale, comme ſi elle étoit entiere, qui eſt de cinq pieds de hauteur, la ſolidité requiſe ſera de trois cents trente pieds, ſur laquelle il faut déduire la partie tronquée C D, ſuppoſée de dix-huit pieds cubes; le ſurplus de cette pyramide tronquée, déduction faite, ſera de trois cents douze pieds cubes requis. Même opération que deſſus pour en trouver les toiſes, pieds & pouces cubes; ainſi opérer pour les cônes & pyramides tronqués obliquement.

Septieme propoſition, figure 46, repréſentant la ſphère ou globe.

EXEMPLE.

Pour meſurer & trouver le ſolide ou cube de la ſphère, ſuppoſée de 35 pieds de diametre, produit cent dix pieds de circonférence & trois mille huit cents cinquante pieds de ſuperficie convexe; à multiplier par trente-cinq pieds de diametre, le produit ſera de cent trente-quatre mille ſept cents cinquante pieds; il faut en prendre le ſixieme, qui ſera la ſolidité requiſe de la ſphère de vingt-deux mille quatre cents cinquante-huit pieds quatre pouces.

Opération.

	35	pieds diametre à multiplier
par	3 $\frac{1}{7}$	felon les Auteurs.
	105	
	5	
	110	circonférence d'icelle, à multiplier
par	35	du diametre.
	550	
	330	
	3850	fuperficie convexe d'icelle, à multiplier
par	35	diametre.
	19250	
	11550	
	134750	En prendre le fixieme.
$\frac{1}{6}$	22458 4 p.	folide ou cube de ladite fphere.

Ou multiplier la fuperficie convexe par cinq pieds dix pouces, le fixieme de trente-cinq pieds de diametre, le produit fera de même que deffus.

Huitieme propofition, figure 47, pour trouver le cube ou folide d'une portion de fphère nommée fecteur.

EXEMPLE.

Le fecteur A B C eft un corps folide pyramidal. Il faut connoître de combien la bafe B C eft à la fuperficie totale de la fphère, l'on verra qu'elle eft le fixieme; conféquemment, il faut prendre le fixieme du folide total de la fphère.

Opération.

22458 p. 4 p. ″ l. cubes total de la ſphère.
$\frac{1}{6}$ 3743 ″ 8 l. cubes ou ſolide de ce ſecteur propoſé.

Pour trouver le ſolide du ſegment ſeulement B C, il faut ſouſtraire du ſecteur prédécent le ſolide de la pyramide A B C, le ſurplus ſera le ſolide dudit ſegment B C; laquelle pyramide eſt droite ou à-plomb.

EXEMPLE.

Suppoſé que la baſe B C, ait quatre pieds en carré elle produira en ſurface ſeize pieds, & que la perpendiculaire A D ſoit de dix-ſept pieds ſix pouces; il faut multiplier la ſuperficie de la baſe par le tiers de la perpendiculaire, l'on aura le ſolide de la pyramide à ſouſtaire du ſecteur, le ſurplus ſera le ſolide du ſegment.

Opération.

Le ſolide du ſecteur propoſé ſuivant l'opératiou ci-deſſus eſt de trois mille ſept cents quarante-trois pieds huit lignes cubes, faiſant le ſixieme de la ſphère, & le ſecteur ſeulement de quatre-vingt-treize pieds quatre pouces.

16 p.	″ p.			de ſuperficie B C.
5	10			tiers de la perpendiculaire A D.
80				
8				
4				
1	4			
93	4			cube du ſecteur pyramidal.
3649	8	8	l.	cube de la figure du ſegment.
3743	″	8	l.	ſolide entier dudit ſegment & ſecteur.

Neuvieme proposition, figure 48, pour mesurer la solidité des corps réguliers.

Les corps réguliers sont mesurés comme les pyramides dont le sommet & le centre, supposé un dodécagonne de douze côtés; il faut trouver la superficie d'un de ses côtés de figure pentagone; à multiplier par le tiers de la perpendiculire, l'on trouvera le solide, ensuite multiplier par les douze, le produit sera la solidité requise.

Cette regle peut servir pour mesurer tous les corps réguliers & irréguliers, toutes les fois que l'on pourra fixer un centre commun à tous les sommets des pyramides.

Dixieme provosition, figure 49, pour mesurer le solide d'une sphéroïde.

Toute sphéroïde est quadruple d'un cône dont la base a pour diametre le petit axe, & pour hauteur la moitié du grand axe; le petit axe est de douze pieds, le grand axe de vingt pieds.

Opération.

	12 p.			diametre du petit axe.
	12			
	144			surfâce du carré imaginaire.
$\frac{1}{2}$	72			
$\frac{1}{2}$	36			
$\frac{1}{7}$	5	1 p.	9 l.	
	113	1	9	surface plane du cercle, fait du petit axe.
	3	4	"	tiers de la perpendiculaire CE.
	339	5	3	
	37	8	7	
	377	1	10	solidité du cône ABC, à multiplier par
	4			4, qui est le quadruple.
	1508	7	4	solide total de cette sphéroïde.

Autre méthode de cette même proposition.

Multiplier cent treize pieds un pouce neuf lignes de la superficie plane du cercle, fait du petit axe, par le tiers de vingt pieds, diametre total du grand axe CD, qui est de six pieds huit pouces, le produit sera de sept cents cinquante-quatre pieds trois pouces huit lignes, qu'il faut doubler le solide requis sera comme dessus de quinze cents huit pieds sept pouces quatre lignes.

Opération.

113 p.	1	9	
6	8	"	
678	10	6	"
56	6	10	6
18	10	3	6
754	3	8	"
754	3	8	"
1508	7	4	solide requis comme dessus.

Tout ce qui est démontré ci-dessus des principes de Géométrie pratique suffit pour toiser tout ce qui compose le bâtiment, sans se charger la mémoire de tout ce que les mathématiques contenues aux différens Auteurs nous démontrent ; cette science si étendue n'appartient à approfondir qu'à celui qui a des vues différentes de l'objet dont est ici question ; alors il peut & doit avoir recours aux Auteurs.

FIN.

APPROBATION.

J'AI lu, par ordre de Monſeigneur le Garde des Sceaux, un Manuſcrit ayant pour titre : *Inſtruction & Traité d'Architecture pratique, ſelon l'art*, & n'y ai rien trouvé qui puiſſe en empêcher l'impreſſion. A Paris, ce 8 juin 1782.

PERRARD DE MONTREUIL.

PRIVILEGE DU ROI.

LOUIS, par la grace de Dieu, Roi de France & de Navarre : A nos amés & féaux Conſeillers les Gens tenans nos Cours de Parlement, Maîtres des Requêtes ordinaires de notre Hôtel, Grand-Conſeil, Prévôt de Paris, Baillifs, Sénéchaux, leurs Lieutenans Civils, & autres nos Juſticiers qu'il appartiendra : SALUT Notre amé le ſieur JULIEN-FRANÇOIS MONROY, ancien Appareilleur, Nous a fait expoſer qu'il deſireroit faire imprimer & donner au Public un Ouvrage de ſa compoſition intitulé : *Inſtruction & Traité d'Architecture pratique, ſelon l'art, &c.* S'il Nous plaiſoit de lui accorder nos Lettres de Permiſſion pour ce néceſſaires. A CES CAUSES, voulant favorablement traiter l'Expoſant, Nous lui avons permis & permettons par ces Préſentes, de faire imprimer ledit Ouvrage autant de fois que bon lui ſemblera, & de le faire vendre, & débiter par-tout notre Royaume, pendant le temps de cinq années conſécutives à compter du jour de la date des préſentes. FAISONS déſenſes à tous Imprimeurs, Libraires & autres perſonnes, de quelque qualité & condition qu'elles ſoient, d'en introduire d'impreſſion étrangere dans aucun lieu de notre obéiſſance ; à la charge que ces Préſentes ſeront enregiſtrées tout au long ſur le Regiſtre de la Communauté des Imprimeurs & Libraires de Paris, dans trois mois de la date d'icelles; que l'impreſſion dudit Ouvrage ſera faite dans notre Royaume & non ailleurs, en bon papier & beau caractère; que l'Impétrant ſe conformera en tout aux Réglemens de la Librairie, & notamment à celui du 10 Avril 1725, & à l'Arrêt de notre Conseil du 30 Août 1777, à peine de déchéance de la présente Permission; qu'avant de l'exposer en vente, le manuscrit qui aura servi de copie à l'impression dudit Ouvrage, sera remis dans le même état où l'Approbation y aura été donnée, ès-mains de notre très-cher & féal Chevalier, Garde des Sceaux de France, le Sieur HUE DE MIROMESNIL, Commandeur de nos Ordres; qu'il en sera ensuite remis deux exemplaires dans notre Bibliothèque publique, un dans celle de notre Château du Louvre, un dans celle de notre très-cher & féal Chevalier, Chancelier de France, le Sieur DE MAUPEOU, & un dans celle dudit Sieur HUE DE MIROMESNIL; le tout à peine de nullité des Présentes: du contenu desquelles vous mandons & enjoignons de faire jouir ledit Exposant & ses ayans cause pleinement & paisiblement, sans souffrir qu'il leur soit fait aucun trouble ou empêchement. VOULONS qu'à la copie des Présentes, qui sera imprimée tout au long, au commencement ou à la fin dudit Ouvrage, foi soit ajoutée comme à l'original. COMMANDONS au premier notre Huissier ou Sergent sur ce requis, de faire pour l'exécution d'icelles, tous Actes requis & nécessaires, sans demander autre permission, & nonobstant clameur de Haro, Charte Normande, & Lettres à ce contraires. Car tel est notre plaisir. Donné à Versailles, le seizieme jour du mois de Mars l'an de grace mil sept cent quatre-vingt-cinq, & de notre règne le onzieme.

Par le Roi, en son Conseil.

LEBEGUE.

Registré sur le Registre XXII de la Chambre Royale & Syndicale des Libraires & Imprimeurs de Paris, Numéro 2690, folio 292, conformément aux dispositions énoncées dans la présente Permission; & à la charge de remettre à ladite Chambre les huit Exemplaires prescrits par l'article CVIII du Réglement de 1723. A Paris, le 22 Mars 1785.

LE CLERC, *Syndic.*

De l'Imprimerie de la Veuve BALLARD & Fils, Imprimeurs du Roi, rue des Mathurins, 1785.

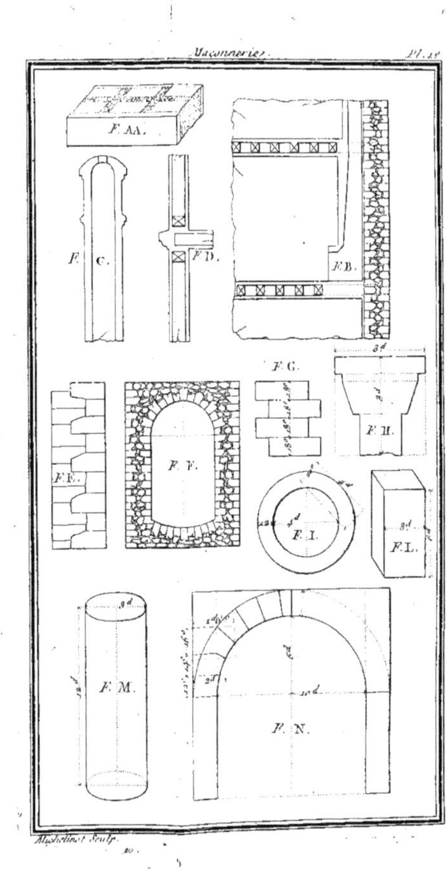

Michelinot Sculp.

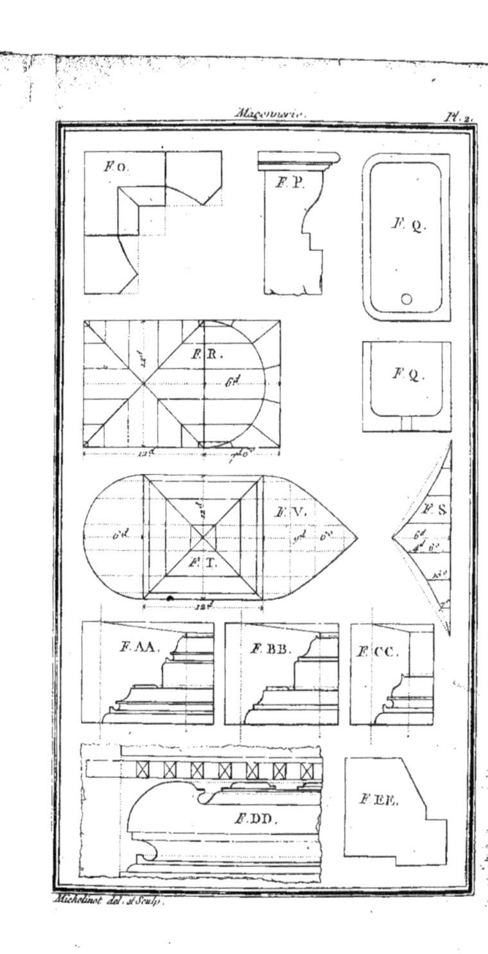

Michelinot del. et Sculp.

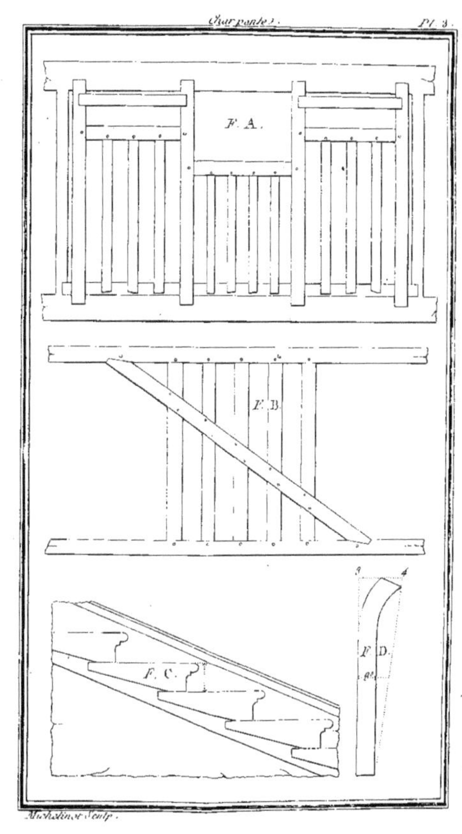
F. A.
F. B.
F. C.
F. D.
Michelinot Sculp.

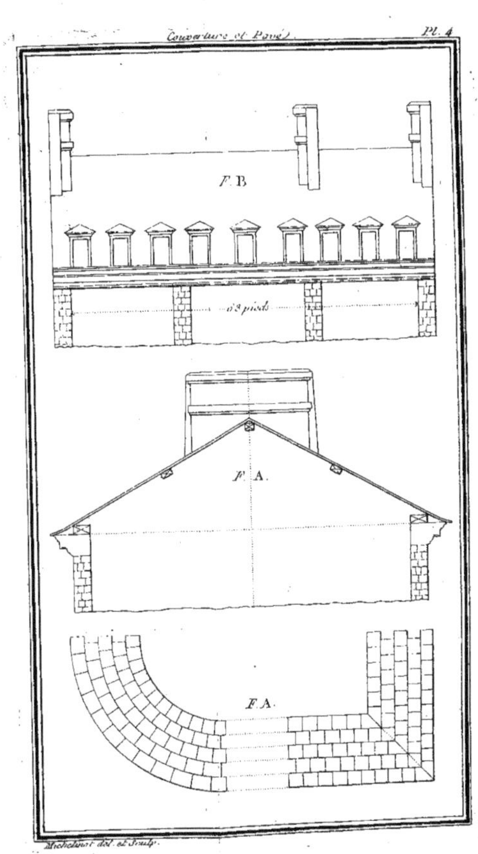

Michelinot del. et Sculp.

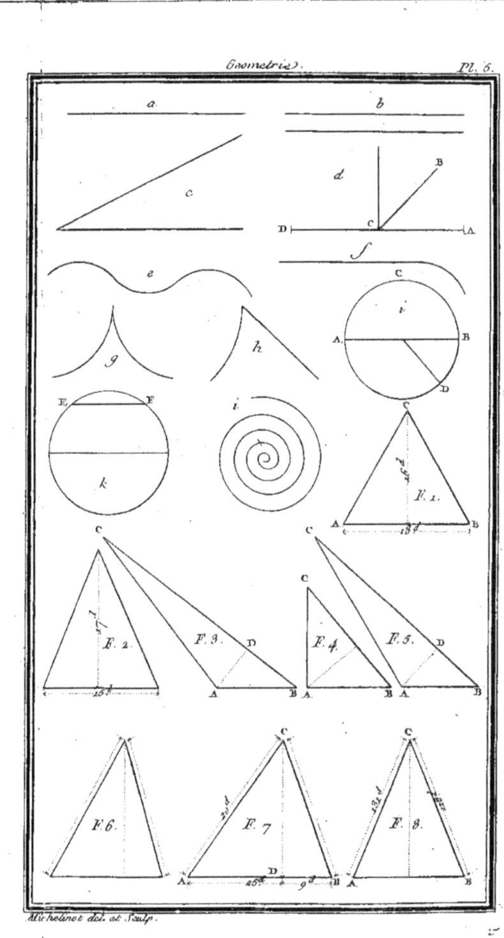

Michelinot del. et Sculp.

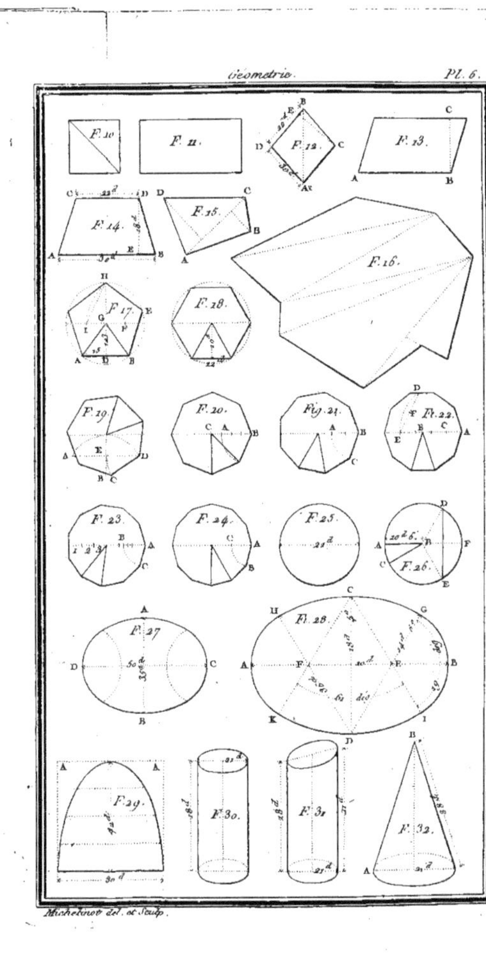
Géometrie.
Pl. 6.
F. 10.
F. 11.
F. 12.
F. 13.
F. 14.
F. 15.
F. 16.
F. 17.
F. 18.
F. 19.
F. 20.
Fig. 21.
Fi. 22.
F. 23.
F. 24.
F. 25.
F. 26.
F. 27.
Fi. 28.
F. 29.
F. 30.
F. 31.
F. 32.
Michelinot del. et Sculp.

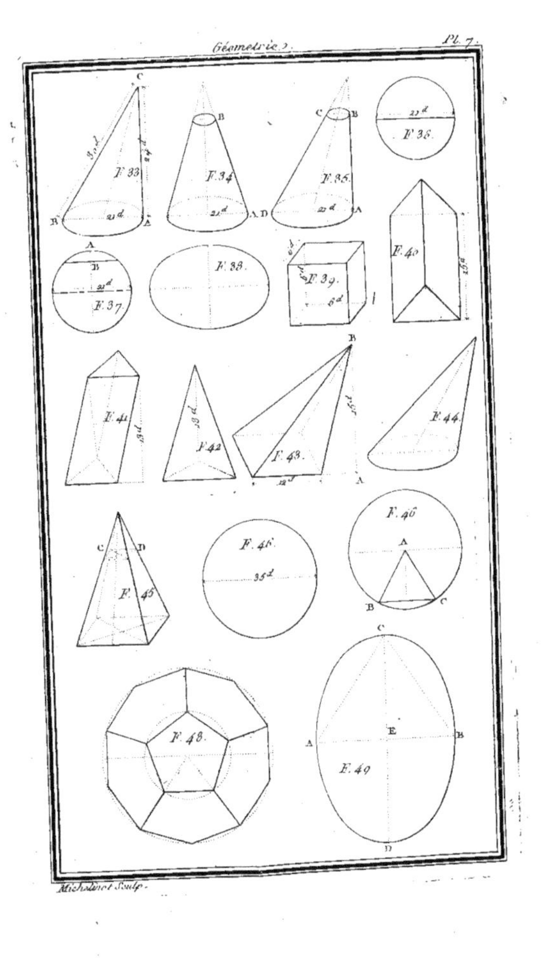

Micholinet Sculp.

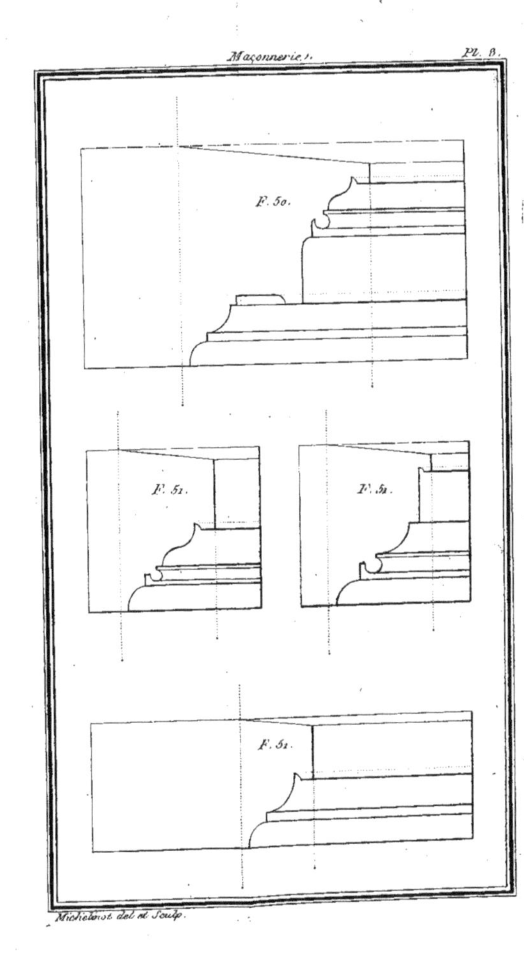

Michelinot del et Sculp.

TABLE DES MATIERES

Contenues en ce volume.

PRIX DES MATÉRIAUX,

à Paris, en l'année 1781.

REGLES GENÉRALES

Pour la bonne conſtruction en Maçonnerie.

DÉMONSTRATION

Du toisé de la Maçonnerie.

APPRÉCIATION

Du prix des Ouvrages de maçonnerie, ſuivant la valeur des matériaux à Paris, en l'année 1781, avec facilité d'en faire uſage par-tout le royaume, en prenant connoiſſance de la valeur, tant des matériaux que du prix des Ouvriers, ſuivant les différens endroits.

SAVOIR;

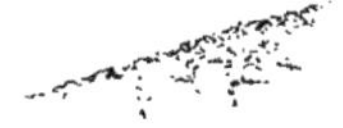

AUTRE DÉTAIL PARTICULIER

Du prix des légers ouvrages en plâtre réduit à toise superficielle de chaque nature.

CHARPENTE.

COUVERTURE.

PAVÉ DE GRÈS.

GÉOMÉTRIE-PRATIQUE,

Fin de la Table des Matieres.

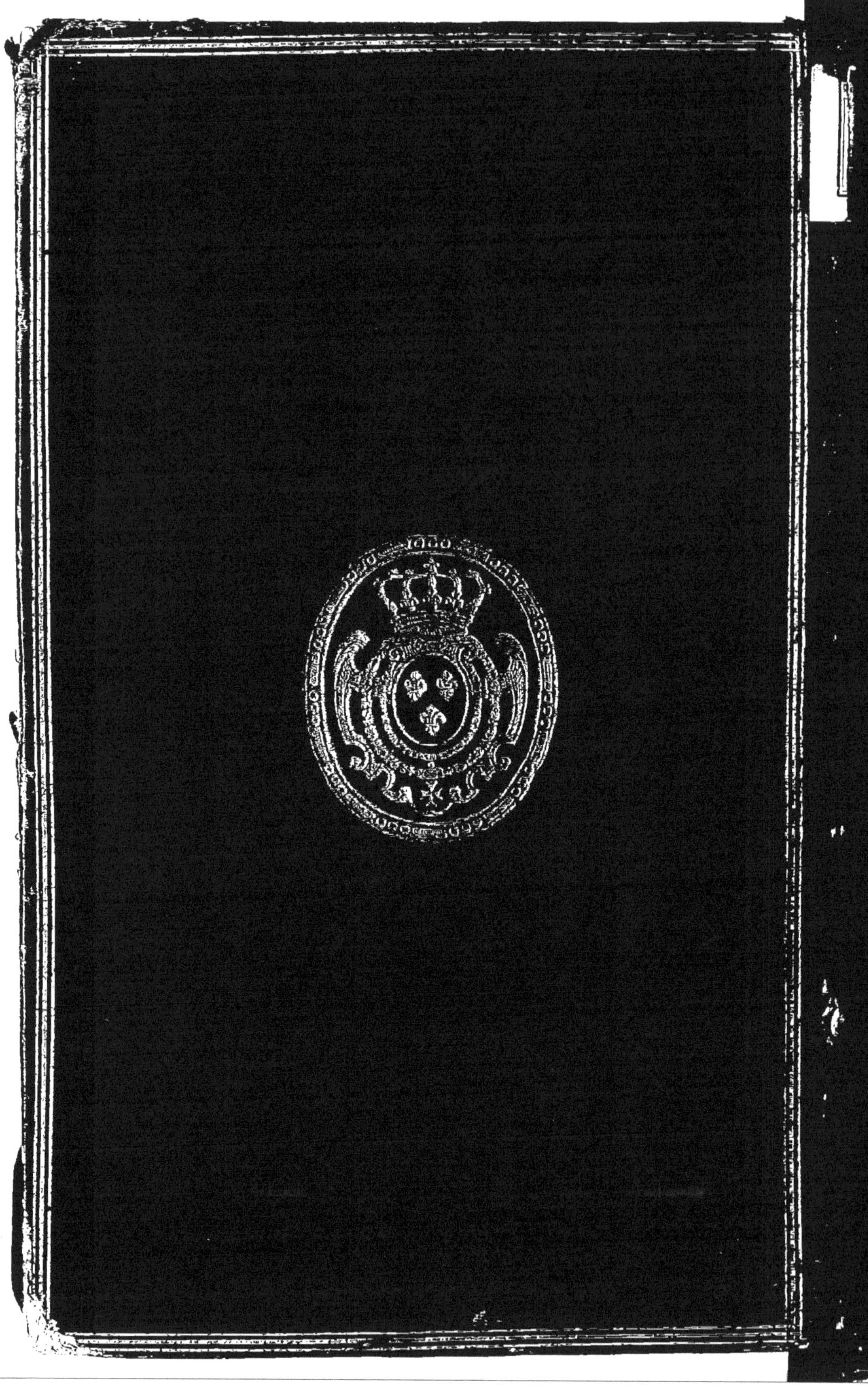

www.ingramcontent.com/pod-product-compliance
Ingram Content Group UK Ltd.
Pitfield, Milton Keynes, MK11 3LW, UK
UKHW021940200726
13856UKWH00005B/410

9 782011 916914